LES ARBITRAGES

MIS A LA PORTÉE DE TOUT LE MONDE.

LES ARBITRAGES

MIS A LA PORTÉE DE TOUT LE MONDE,

OU

MOYENS SIMPLES

DE CALCULER LES ARBITRAGES DE CHANGES DE LA FRANCE
AVEC LES PRINCIPALES PLACES DE L'EUROPE;

ACCOMPAGNE

D'un Répertoire de vingt-six Tableaux d'Arbitrages, leurs Règles
conjointes, et les Règles réduites à trois nombres, par nombres
fixes, présentant des Arbitrages tout faits;

PRÉCÉDÉ

Des Observations nécessaires et des Explications propres à rendre tous
les calculs d'Arbitrages faciles, avec différentes notes utiles dans ces
opérations;

PAR B. TSCHAGGENY.

Prix : fr. 4 et fr. 4.50 cent. franc de port.

A PARIS,

CHEZ A. BELIN, IMPRIMEUR-LIBRAIRE,
RUE DES MATHURINS ST.-JACQUES, N°. 14,
ET AU CABINET DE LECTURE, RUE NEUVE-ST.-ROCH, N°. 18.

DE L'IMPRIMERIE DE A. BELIN.
1815.

TABLE DES MATIÈRES.

<table>
<tr><td colspan="2" align="center">*Tableaux des Arbitrages
et Monnaies de change.*</td><td colspan="2" align="center">*Règles conjointes, et Règles
réduites à trois nombres.*</td></tr>
</table>

OBSERVATIONS.

Beaucoup d'Auteurs ont publié des ouvrages sur les calculs d'arbitrages ; quelques-uns les ont réduits à trois nombres qu'ils ont appropriés aux logarithmes ; mais les signes algébriques , les abréviations et les termes abstraits que plusieurs des auteurs de ces ouvrages emploient dans leurs démonstrations, embarrassent ceux qui n'ont aucune connaissance des calculs des arbitrages.

Pour parvenir facilement à les résoudre sans éprouver des recherches pénibles, il convient que celui qui veut calculer un arbitrage soit à même de voir d'un coup d'œil toute son opération, afin qu'il puisse en comprendre les principes ; alors, s'il se trompe dans son calcul, il est à l'instant même en état de réparer sa faute : c'est à quoi je me suis particulièrement attaché dans cet ouvrage (a).

Cet ouvrage est composé de vingt-six tableaux des changes des principales villes de l'Europe avec la France. A gauche de chaque tableau se trouve la règle conjointe de chacune de ces places , et à côté est la règle réduite à trois nombres.

On remarque sur chacun des tableaux qui sont à droite , *la monnaie qu'une place donne à une autre en échange d'une autre monnaie , et que de deux places qui changent l'une avec l'autre , il y en a toujours une qui donne un fixe pour recevoir plus ou moins ; ce fixe se nomme *le certain* , et la variation *l'incertain*.

(a) Les principes dont je me sers sont ceux généralement connus, mais je les ai simplifiés de manière à être mis à la portée de tout le monde ; mes arbitrages sont de mon ouvrage et ne peuvent être attribués à d'autres qu'à moi, et les nombres fixes que j'emploie , quoique déterminés d'après mes règles conjointes, sont également les mêmes et appropriés à tous les autres arbitrages faits d'après mes principes.

J'ai indiqué les monnaies sans abréviations, afin de rendre d'autant plus intelligible mon ouvrage, qui sera très-utile pour apprendre à connaître et à se familiariser avec les monnaies étrangères (*b*), et pouvoir d'un coup-d'œil calculer les arbitrages d'après les cours des changes qui ne donnent aucune indication de monnaies.

On commencera par se mettre au fait des monnaies et de leurs rapports entre elles, ensuite on apprendra à poser les règles conjointes, parce que c'est la vraie et unique manière de parfaitement se verser dans les calculs des arbitrages, puisque la règle à trois nombres n'est que la réduction de la règle conjointe, qui est formée par plusieurs règles de trois.

Je vais en donner un exemple qui suffira pour se mettre au fait de la position de toutes les règles conjointes (*c*).

Je dois remettre des florins à Amsterdam, mon correspondant de ladite ville m'envoie son cours de change (Voyez le tableau n° 1, page 13), j'y remarque qu'Amsterdam donne à Paris 55 $\frac{7}{8}$ deniers de gros pour recevoir

---

(*b*) Cet ouvrage étant principalement destiné aux personnes qui n'ont aucune connaissance des arbitrages, j'ai cru devoir indiquer les monnaies sans abréviations, afin de mettre le lecteur à même d'en apprendre à connaître parfaitement les rapports.

(*c*) Voici ce que l'on doit observer pour bien poser les règles conjointes : il faut toujours commencer par la monnaie que l'on veut réduire (Voyez l'arbitrage suivant entre Paris et Amsterdam, en passant par Londres). On veut savoir combien 3 francs font de deniers de gros d'Amsterdam en passant par Londres; c'est donc par des francs qu'il faut commencer : on pose à sa gauche le change de Paris sur Londres, qui est en francs; ensuite on passe par la monnaie que la ville donne. Amsterdam donne à Londres des sols de gros pour une livre sterling; après l'on passe par la monnaie que l'on cherche, qui est des deniers de gros d'Amsterdam pour 3 francs. Or, quelqu'un a un arbitrage à faire entre trois places: le premier nombre de la règle conjointe doit être de même espèce que celui du troisième terme, et le troisième terme doit être le change d'une place pour le change incertain d'une autre; ainsi le premier nombre de la règle conjointe ci-dessus est de 22 fr. 75 c., le nombre du troisième terme est 3 francs, et 3 francs est le change certain que Paris donne à Amsterdam pour recevoir le change incertain de 55 $\frac{7}{8}$ deniers de gros: donc le dernier nombre du second terme est de même espèce que celui du quatrième terme; ainsi le dernier nombre du second terme de la règle ci-dessus est de 12 deniers de gros, et celui du quatrième terme de 56 $\frac{1}{11}$ deniers de gros; il est donc aisé de voir dans cet exemple, comme dans tous les autres de cet ouvrage, quel est le rapport des nombres intermédiaires.

3 francs fixe, ou *le certain*, c'est-à-dire qu'Amsterdam donne plus ou moins ou *l'incertain* à Paris, pour recevoir 3 francs ou *le certain*.

Je vois par ce change quel résultat il présente ; mais je désire savoir si, par l'entremise d'une autre place, il me sera possible de faire une remise plus avantageuse.

Je compare la cote des changes d'Amsterdam avec celle de Paris (tableau n° 1, page 13), et je calcule les arbitrages de toutes les places que ces deux cotes présentent.

Je prends celle de Londres, je vois qu'Amsterdam donne à Londres 35 et $\frac{5}{12}$ sols de gros banco pour recevoir une livre sterling, et que la livre sterling vaut à Paris 22 francs 75 cent.

Je pose ma règle conjointe.

Je dis :

	Diviseur.	*Dividendes.*	
Change de Paris sur Londres.	*Si 22 fr. 75 c... valent	1 livre sterling.	
	1 livre sterling. ...*35 sols $\frac{5}{12}$ de gros b° d'Hollande		Ch. d'Amsterdam sur Londres.
	1 sol de gros......	12 deniers de gros.	
	Combien..	3 francs.	

Voilà ma règle posée ; il convient de la réduire de manière à trouver le résultat.

La colonne à droite est les dividendes, et celle à gauche le diviseur.

Voici de quelle manière j'opère :

Je commence par faire disparaître les fractions.

Je multiplie les 22 par 100, en y ajoutant les 75 centimes, cette multiplication produit 2275 ; je pose donc à ma gauche 2275, et je raie les 22 fr. 75 c. ; ensuite je pose à ma droite 100, parce que j'ai rendu le diviseur 100 fois plus fort ; il faut aussi que le dividende soit de même 100 fois plus fort. Après je réduis les 35 $\frac{5}{12}$ en deniers, en les multipliant par 12 et en y ajoutant 5, ce qui produit 425 que je pose à ma droite, et par contre je pose à ma gauche 12, parce que j'ai rendu ce dividende 12 fois plus fort, et je raie les 35 $\frac{5}{12}$. Maintenant, comme il n'y a plus de fractions à réduire, ma règle se trouve posée ainsi :

```
*22.75 . . . . . . . . . . . . . . . . . .        1
    1 . . . . . . . . . . . . . . . . . .     55  1/12
    1 . . . . . . . . . . . . . . . . . .       12
                                                 3
 2275 . . . . . . . . . . . . . . . . . .      100
   12 . . . . . . . . . . . . . . . . . .      425
   91 . . . . . . . . . . . . . . . . . .       17
```

Je remarque qu'il y a un diviseur de 12 contre un dividende également de 12, ce qui fait une compensation ; je raie ces deux nombres ; ensuite, il faut toujours réduire les nombres, autant que possible, autant en diviseurs qu'en dividendes, afin d'éviter les longueurs des multiplications, en observant de le faire également, sans cela la règle serait manquée.

Je remarque que je puis réduire 2275 et 425 par 25. Je dis la 25me de 2275 est 91, et la 25me de 425 est 17 ; je pose donc 91 à gauche et 17 à droite, et je raie 2275 et 425 (Voyez ci-dessus) ; maintenant il me reste 91 pour diviseur, et 3, 100 et 17 pour dividendes ; je multiplie les nombres 3, 100 et 17 l'un par l'autre, ce qui produit 5100 que je divise par 91, et le quotient se trouve être de 56 $\frac{1}{7}$ (d).

D'après cette opération il résulte que si j'achète à Paris du papier sur Londres à 22 fr. 75 c. la livre sterling, que je le remette à Amsterdam où il est négocié à 35 sols 5 deniers de gros banco d'Amsterdam pour une livre sterling, mes 3 francs me produiront 56 $\frac{1}{7}$ deniers de gros d'Amsterdam, au lieu de 55 $\frac{7}{8}$ qui est le change d'Amsterdam sur Paris.

Cette opération prouve que dans toutes les villes qui donnent *le certain*, le plus haut change est le meilleur pour remettre, et c'est le contraire pour tirer.

Voici un exemple à l'appui de cette vérité.

J'ai à tirer sur Amsterdam : le change d'Amsterdam sur Paris est à 55 $\frac{7}{8}$ deniers de gros pour 3 francs ; je désire savoir si, par l'entremise d'une autre place, il me sera possible de tirer meilleur parti de ma traite. Je vois par la cote des changes d'Amsterdam (Tableau n° 1, page 13) qu'elle donne à Venise 88 $\frac{1}{8}$ deniers de gros d'Hollande pour un ducat de 124 marchétis banco de Venise, et je trouve sur le même tableau que Venise donne à Paris 59 $\frac{1}{4}$ ducats banco pour recevoir 300 francs.

(d) J'ai porté les fractions jusqu'à $\frac{11}{12}$, quoique sur les cours des changes on emploie rarement des 16es.

Je pose ma règle conjointe.

Je dis :

Diviseurs.   *Dividendes.*

Si ~~300~~ francs........ valent. * ~~59~~ $\frac{1}{4}$ ducats banco de Venise.... {Change de Venise
sur Paris.

1 ducat banco de Venise. * ~~88~~ $\frac{1}{8}$ deniers de gros d'Hollande. {Change d'Amsterdam
sur Venise.

Combien..... 3 francs.

4 239

8 .... ~~705~~

20 47

Je réduis les fractions de mes dividendes, je multiplie 59 $\frac{1}{4}$ par 4 en y ajoutant 3, produit 239 ; j'en fais de même des 88 $\frac{1}{8}$, produit 705. Je pose à ma droite les 239 et 705, et par contre je pose à ma gauche 4 et 8, par la raison que j'ai donnée dans ma précédente règle (*e*).

Maintenant que ma règle se trouve posée, je puis la réduire. Je dis, la 15me de 300 est 20, et la 15me de 705 est 47. Je multiplie ensuite les diviseurs 4, 8 et 20 l'un par l'autre, produit 640 ; j'en fais de même des dividendes 3, 239 et 47, qui produisent 33699. J'ai donc pour diviseur 640, et 33699 pour dividende ; le quotient de cette division est de 52 $\frac{11}{32}$.

Il résulte de cette opération que si je tire sur Amsterdam, que je fasse négocier ma traite à Venise au cours de 88 $\frac{1}{8}$ deniers de gros d'Hollande pour un ducat banco de Venise, et que si mon correspondant de Venise m'envoie du papier sur Paris, au change de 59 $\frac{1}{4}$ ducats banco de Venise pour 300 francs, j'aurai vendu 52 $\frac{11}{32}$ deniers de gros d'Hollande pour 3 francs.

Au lieu que si j'avais négocié ma traite à Paris, j'aurais été obligé de donner 55 $\frac{7}{8}$ deniers de gros d'Hollande pour 3 francs.

Cet exemple prouve que dans toutes les villes qui donnent *le certain*, le plus bas change est le meilleur pour tirer.

Les deux opérations précédentes sont tirées, comme je l'ai déjà dit, du tableau n° 1 des changes de Paris et d'Amsterdam, page 13, où l'on remarque que d'après les calculs des arbitrages de toutes les places que ce tableau présente, le plus haut change est par Londres, banco, *bon pour remettre*, et que le plus bas change est par Venise *bon pour tirer*.

(*e*) Il faut toujours avoir soin de rayer les nombres que l'on aura réduits, afin d'éviter les doubles emplois.

Il suffit d'avoir la cote des changes d'une place étrangère, de la comparer avec celle de Paris, et d'en calculer les arbitrages, pour connaître par quelle place il sera plus avantageux, soit de tirer, de remettre, ou de se faire remettre; en opérant de cette manière, et en posant les parités à côté des changes, on trouvera aisément que le change le plus haut est le meilleur pour remettre (Voyez l'exemple que j'ai donné par Londres, page 3), et que le plus bas change est le meilleur pour tirer (Voyez l'exemple que j'ai donné par Venise, page 5).

C'est tout le contraire lorsque la ville donne *l'incertain* pour recevoir *le certain* (Voyez le cours des changes de Breslau, tableau n° 5, page 21); vous y remarquerez que Paris donne à Breslau *l'incertain* 478 centimes, plus ou moins, pour recevoir de Breslau une livre banco de Prusse, *le certain*.

En calculant les arbitrages de ce tableau, on remarquera que le plus bas change est le meilleur pour remettre et le plus haut pour tirer; on remettra donc par Londres à 458 centimes pour une livre banco de Prusse, et on tirera par Hambourg à 500 centimes pour une livre banco de Prusse.

Les explications que je viens de donner ne sont pas seulement relatives aux tableaux des changes d'Amsterdam et de Breslau, elles sont également applicables à tous les autres tableaux de cet ouvrage, puisque c'est d'après les mêmes principes que l'on pourra calculer les arbitrages de toutes les places de l'Europe (*f*).

Je vais donner maintenant les moyens d'abréger la règle conjointe en réduisant l'opération à une simple règle à trois nombres, et en démontrant la manière de trouver le nombre fixe.

Afin que mes explications soient d'autant plus claires, je me servirai des deux exemples que j'ai donnés.

Je prends le premier d'Amsterdam sur Paris par Londres.

Je pose ma règle conjointe telle qu'elle l'est précédemment (page 3).

$$\begin{array}{ll}
\left.\begin{array}{l}\text{Change de Paris}\\\text{sur Londres.}\end{array}\right\} * 22 \cdot 75 \dots\dots\dots\ 1 & \\
\qquad\qquad\ \ 1\dots\dots\dots\dots * 35\tfrac{1}{12}\ \left\{\begin{array}{l}\text{Change d'Amsterdam}\\\text{sur Londres.}\end{array}\right. \\
\qquad\qquad\ \ 1\dots\dots\dots\dots\ 12 & \\
\qquad\qquad\qquad\qquad\qquad\quad\ 3 &
\end{array}$$

(*f*) Cet ouvrage peut également s'approprier et être d'une grande utilité à toutes les places de l'Europe, en substituant au change de Paris celui de la place où l'on travaillera, alors le nombre fixe se trouvera également d'après les mêmes principes que je donnerai ci-après.

. Il faut observer que le nombre fixe se compose de *tous* les nombres d'une règle conjointe qui sont invariables, donc les changes intermédiaires qui sont donnés dans les cours n'y peuvent point entrer; par conséquent je ne me sers pas des deux changes de 2275 et de 35 $\frac{1}{12}$ de ma position précédente, il ne me reste que 3 et 12 qui multipliés l'un par l'autre produisent 36, que je multiplie par 100, parce que le change de Paris sur Londres se trouve réduit en centimes (*g*), produit 3600, qui est bien le nombre fixe que j'ai indiqué dans ma règle réduite à trois nombres, *article d'Amsterdam* par Londres banco, en face du tableau n° 1, *changes d'Amsterdam;* de sorte que la règle conjointe qui précède se réduit à multiplier le change d'Amsterdam sur Londres par 3600 *nombre fixe*, et à diviser le produit de cette multiplication par le change de Paris sur Londres, après l'avoir réduit en centimes.

Je passe ensuite au second exemple d'Amsterdam sur Paris par Venise.

Je pose ma règle telle qu'elle l'est précédemment.

$$300 \ldots\ldots\ldots \quad 59\tfrac{1}{4} \text{ change de Venise sur Paris.}$$
$$1 \ldots\ldots\ldots \quad 88\tfrac{1}{8} \text{ change d'Amsterdam sur Venise.}$$
$$3$$

On remarque qu'il y a un dividende de 3 et un diviseur de 300, ce qui réduit l'un par l'autre produit 100 pour diviseur, puisque les dividendes ne se composent que des deux changes variables, de sorte que cette règle conjointe se réduit à multiplier le change de Venise sur Paris par celui d'Amsterdam sur Venise, et à diviser le produit de cette multiplication par 100, qui est bien le nombre fixe que j'indique à gauche du tableau n° 1, *change d'Amsterdam sur Paris, par Venise.*

Voici un autre exemple d'un nombre fixe plus difficile à trouver.

Je prends le change de Paris sur Genève par Augsbourg (Voyez le tableau n° 12, page 35), et à sa gauche la règle conjointe de Paris sur Genève par Augsbourg.

Je pose ma règle conjointe telle qu'elle l'est à gauche dudit tableau n° 12.

(*g*) Toutes les fois qu'un des changes incertains sera réduit en centimes, le nombre fixe se trouvera être 100 fois plus fort que si la réduction en centimes n'avait pas été nécessitée dans la règle conjointe.

Change d'Augsbourg sur Paris. } Si ~~1 3~~ courantes de Genève valent   1 écu courant de Genève.   Change d'Augsbourg sur Genève.
~~100~~ écus courans dito........ *129 ½ rixdales d'Augsbourg.
1 rixdale d'Augsbourg.... 1 ½ florins dito.
* 117 ½ florins d'Augsbourg... ~~300~~ francs de France.
Combien...... 100 livres courantes de Genève.

Je laisse les deux changes : celui de 117 ½ d'Augsbourg sur Paris est un diviseur, et celui de 129 ½ d'Augsbourg sur Genève est un dividende ; il me reste pour diviseurs 3 et 100, et pour dividendes 1 ½, 300 et 100. Je remarque qu'il y a pour diviseurs 3 et 100 contre 300 pour dividende, ce qui fait égalité ; je raie les diviseurs 3 et 100, et j'en fais de même du dividende 300 ; il ne me reste plus que 100 et 1 ½ pour dividendes, que je multiplie l'un par l'autre, ce qui produit 150, qui est bien le nombre fixe dont j'ai fait usage dans ma règle réduite à trois nombres, indiquée à gauche du tableau n° 12, page 34, article de Genève par Augsbourg, de sorte que cette règle se réduit à multiplier le change d'Augsbourg sur Genève, par le nombre fixe 150, et à diviser le produit de cette multiplication par le change d'Augsbourg sur Paris.

Je vais encore donner un exemple d'un nombre fixe plus difficile à trouver.

Je prends le change de Milan sur Paris par Genève (Tableau n° 18, p. 47). Je pose ma règle conjointe telle qu'elle est posée à gauche dudit tableau.

Change de Paris sur Genève. } Si * 167 francs de France.. valent 100 livres courantes de Genève.
~~2~~ liv. courantes de Genève.   1 écu de Genève.
Change de Genève sur Milan. } * 96 ½ écus de Genève........ 640 livres courantes de Milan.
1 livre courante........... ~~20~~ sols courans de Milan.
~~54~~ sols courans............ 106 sols impériaux de Milan.
Combien...... ~~3~~ francs.
3 4

On remarque que cette règle conjointe est compliquée, et que par conséquent elle le sera moins en la calculant par un nombre fixe que nous allons trouver.

Je commence par laisser de côté les deux changes de 167 et 96 ½, et je réduis les diviseurs et les dividendes.

Comme il y a un diviseur de 3 contre un dividende également de 3, je raie ces deux nombres.

La 10ᵐᵉ de 150 (diviseur) est 15, la 10ᵐᵉ de 640 (dividende) est 64 ; je raie les zéros des 150 et 640.

La 5ᵐᵉ de 15 (diviseur) est 3, la 5ᵐᵉ de 20 (dividende) est 4. Je pose 3 (diviseur) et 4 (dividende), et je raie les 15 (diviseur) et les 20 (dividende).

Il ne me reste plus que 3 pour diviseur et 100, 64, 106 et 4 pour dividendes. Je multiplie les quatre dividendes l'un par l'autre, ce qui produit 2713600, que je divise par 3 ; le quotient de cette division est de $904533\frac{1}{3}$, que je multiplie par 100, parce que le change de Paris sur Genève se trouve réduit en centimes, produit $90453333\frac{1}{3}$, qui est bien le nombre fixe dont j'ai fait usage dans ma règle à trois nombres, *change de Milan sur Paris par Genève, à gauche du tableau n°. 18, page 46.*

De sorte que la présente règle se réduit à diviser $90453333\frac{1}{3}$ par le change de Paris sur Genève, et diviser le quotient par le change de Genève sur Milan.

Au moyen des nombres fixes que je donne à gauche de chacune des vingt-six tables de cet ouvrage, on pourra calculer avec facilité tous les arbitrages des places qui y sont indiquées, à n'importe quel cours, moyennant que la monnaie soit de même nature que celle de mes tableaux (*h*), et en suivant la méthode que j'ai donnée, on trouvera aisément les nombres fixes de tous les arbitrages avec d'autres places que j'ai négligé de donner, m'étant borné à prendre pour modèle les principales, qui ont des changes ouverts avec la France.

Les exemples que j'ai donnés sont suffisans pour parvenir à la connaissance parfaite des arbitrages, et apprendre à les calculer sans beaucoup de peines, par les moyens les plus prompts et les plus faciles (*i*) : c'est l'unique but de cet ouvrage, que je crois inutile d'étendre davantage, puisque le calculateur qui se sera mis au fait de mes moyens sera en état de vaincre toutes les difficultés que la science des arbitrages peut présenter.

(*h*) Lorsque le change sera coté en monnaie différente au mode que j'indique, cela apportera des changemens dans la règle conjointe et dans celle réduite à trois nombres ; néanmoins les calculs n'en seront pas plus pénibles, et le nombre fixe se trouvera avec la même facilité en suivant mes principes.

(*i*) Quelques auteurs ont indiqué les logarithmes pour être le moyen le plus prompt pour calculer les arbitrages ; je ne suis pas tout-à-fait de leur avis ; je trouve qu'une simple règle réduite à trois nombres est bien plus promptement posée et calculée que par les logarithmes ; il faut chercher dans les tables ceux qui ont rapport aux trois nombres avec leurs fractions ; ces logarithmes étant trouvés, il faut opérer et trouver par le résultat qui est un nombre logarithme, celui convenable à la parité que l'on cherche. Il est aisé de se tromper dans cette recherche et dans la position, à cause des hauts nombres des logarithmes ; or, je crois que le moyen le plus simple et le plus expéditif se réduit à la règle à trois nombres, une fois qu'on y est familier ; d'ailleurs il est impossible d'être bon cambiste sans la connaissance des règles conjointes que j'explique par la méthode la plus brève et la plus facile à comprendre.

Changes *de la France avec les Places ci-après.*

			Plus ou moins.
Amsterdam...	reçoit 5 francs............pour	55 $\frac{7}{8}$	deniers de gros d'Hollande.
Augsbourg...	reçoit 300 francs..............	116 $\frac{1}{2}$	florins courans d'Augsbourg.
	donne 1 florin courant..........	258	centimes.
Basle.........	reçoit 100 francs..............	99	francs.
	donne 99 francs..............	100	dits.
Bergame......	reçoit 3 francs................	118 $\frac{1}{4}$	sols de Bergame.
Berlin.......	donne 1 livre banco de Prusse...	478	centimes.
Bologne......	reçoit 3 francs................	56 $\frac{1}{2}$	sols de Bologne.
Constantinople.	reçoit 300 francs..............	102	piastres de Constantinople.
Copenhague..	reçoit 300 francs..............	65	rixdales Danoises.
Espagne......	donne 1 pistole de 32 réaux......	15	francs 25 centimes.
Francfort....	reçoit 300 francs..............	79 $\frac{1}{2}$	rixdales de Francfort.
	donne 100 francs..............	99	francs.
	reçoit 99 francs..............	100	dits.
Gênes........	donne 1 piastre de 115 sols hors-banque...................	475	centimes.
Genève......	donne 100 livres courantes......	167	francs.
Hambourg....	reçoit 3 francs................	24 $\frac{1}{2}$	sols lubs.
	donne 100 marcs banco........	195	francs 91 centimes.
Leipsick......	reçoit 300 francs..............	76 $\frac{1}{2}$	rixdales de Leipsick.
Lisbonne.....	reçoit 3 francs................	478	rés.
Livourne.....	donne 1 piastre de 8 réaux......	515	centimes
Londres......	reçoit 3 francs................	30 $\frac{1}{2}$	deniers sterlings.
	donne 1 livre sterling..........	23	francs 63 centimes.
Milan........	reçoit 6 francs................	£7.15^{s}7	deniers courans de Milan.
	reçoit 3 francs................	55	sols impériaux de Milan.
	donne 1 livre impériale........	109	centimes.
Naples.......	donne 1 ducat de 10 carlins.....	420	centimes.
Palerme......	reçoit 1 franc.................	48	grains de Sicile.
Pétersbourg..	donne 1 rouble de 100 copecks...	435	centimes.
Rome.........	donne 1 écu monnaie..........	520	centimes.
Stockholm....	reçoit 3 francs................	25	schillings de Suède.
Turin........	reçoit 3 francs................	50	sols de Piémont.
Venise.......	reçoit 300 francs..............	60	ducats banco de Venise.
Vienne......	reçoit 1 franc.................	23 $\frac{1}{2}$	creutzers de Vienne.
	donne 1 florin................	255	centimes.

TABLEAUX DES ARBITRAGES;

RÈGLES CONJOINTES

ET

RÉDUITES A TROIS NOMBRES.

	Règles conjointes.	*Règles réduites à trois nombres.*
par Breslau.	3oo francs de France font (*a*) * 81 rixdales de Bieslau. 125 rixdales............... 100 livies banco de Prusse. 1 livre banco........... *42 ⅝ stuivers d'Hollande. 1 stuiver.............. 2 deniers de gios , *id.* combien..... 3 francs de France.	Multipliez le change de Breslau sur Paris, par celui d'Amsterdam sur Breslau, et divisez par 62 ½.
par l'Espagne.	* 15 ¼ francs de France..font 1 pistole d'Espagne. 1 pistole................ 1088 maravédis, *id.* 375 maravédis .... 1 ducat......*id.* 1 ducat............... * 95 ¼ den. de gros d'Holl. combien..... 3 francs de France.	Multipliez le change d'Amsterdam sur l'Espagne par 870 ⅔, et divisez par le change de Paris sur l'Espagne, après l'avoir réduit en centimes.
par Francfort.	3oo francs de France...font * 77 rixdales de Francfort. *14o ¼ rixdales............. 100 rixdales d'Hollande. 1 rixdale............... 100 deniers de gros. combien..... 3 francs de France.	Multipliez le change de Francfort sur Paris par 100, et divisez par celui de Francfort sur Amsterdam.
par Genève.	*164 ½ francs de France..font 100 liv. cour. de Genève. 3 livres courantes ...... * 88 ⅛ den. de gros d'Holl. combien..... 3 francs de France.	Multipliez le change d'Amsterdam sur Genève par 10000, et divisez par le change de Paris sur Genève, après l'avoir réduit en cent.
par Gênes.	*478 centimes ....font 1 piastre de Gênes. 1 piastre.............. * 85 ¼ den. de gros d'Holl. combien..... 3oo centimes.	Multipliez le change d'Amsterdam sur Gênes par 3oo, et divisez par le change de Paris sur Gênes.
par Hambourg.	*184 ¼ francs de France..font 100 marcs banco d'Hamb. 2 marcs banco.......... * 33 1/10 stuivers d'Hollande. 1 stuiver.............. 2 deniers de gios, *id.* combien..... 3 francs de France.	Multipliez le change d'Amsterdam sur Hambourg par 30000, et divisez par le change de Paris sur Hambourg, après l'avoir réduit en centimes.
par Livourne.	*520 centimes ....font 1 piastre de Livourne. 1 piastre.............. * 95 ⅓ den. de gros d'Holl. combien..... 3oo centimes.	Multipliez le change d'Amsterd. sur Livourne par 3oo, et divisez par le change de Paris sur Livourne.
par Lisbonne.	3 francs de France...font * 470 rés. 400 rés................ * 45 ⅔ den. de gros d'Holl. combien..... 3 francs de France.	Multipliez le change d'Amsterdam sur Lisbonne, par celui de Lisbonne sur Paris, et divisez par 400.
par Londres, banco.	* 22 ½ francs de France..font 1 livre sterling. 1 livre sterling......... * 35 ⅖ sols de gros d'Holl. 1 sol de gros........... 12 deniers de gros. combien..... 3 francs de France.	Multipliez le change d'Amsterdam sur Londres par 3600, et divisez par le change de Paris sur Londres, après l'avoir réduit en cent.
par Londres, courant.	* 23 francs de France...font 1 livre sterling. 1 livre sterling......... * 10 florins 11 s. 6 d. d'Holl. 1 florin............... 20 stuivers, ...*id.* 1 stuiver............. 2 deniers de gros, *id.* combien..... 3 francs de France.	Réduisez le change d'Amsterdam sur Londres en sols, multipliez le produit par 600, et divisez par le change de Paris sur Londres, après l'avoir réduit en centimes.
par Turin.	3 francs de France... font * 49 sols de Turin. * 35 ½ sols de Turin........ 1 florin d'Hollande. 1 florin.............. 4o deniers de gros, *id.* combien..... 3 francs de France.	Multipliez le change de Turin sur Paris par 4o, et divisez par le change de Turin sur Amsterdam.
par Venise.	3oo francs de France...font * 59 ½ ducat b°. de Venise. 1 ducat banco......... * 88 ½ den. de gros d'Holl. combien..... 3 francs de France.	Multipliez le change d'Amsterdam sur Venise par celui de Venise sur Paris, et divisez par 100.
par Vienne.	*256 centimes .... font 60 creutzers de Vienne. 90 creutzers........... * 35 ⅓ stuivers d'Hollande. 1 stuiver.............. 2 deniers de gios, *id.* combien..... 3oo centimes.	Multipliez le change d'Amsterdam sur Vienne par 400, et divisez par le change de Paris sur Vienne.

(*a*) Afin de rendre mes observations claires, et pour faciliter la recherche des nombres fixes, j'ai marqué d'une étoile tous les changes variables de cet ouvrage.

N°. 1. AMSTERDAM.

		Changes d'Amsterdam.	Changes de Paris.	Parités en deniers de gros d'Hollande, pour 3 francs de France.
PARIS.........	donne 3 francs........pour	55 $\frac{7}{8}$ den. de gr. d'Holl.		
BRESLAU......	..id..1 livre b° de Prusse...	42 $\frac{1}{8}$ stuivers.........	81 rixd. de Breslau.	55 $\frac{1}{4}$
ESPAGNE......	..id..1 ducat de 375 marav.	95 $\frac{1}{4}$ deniers de gros...	f. 15 $\frac{1}{4}$ de France....	54 $\frac{3}{8}$
FRANCFORT....	reçoit 100 rixd. de 2 $\frac{1}{2}$ flor...	140 $\frac{1}{4}$ rixd. de Francfort.	77 rixd. de Francf.	54 $\frac{7}{8}$
GENÈVE......	donne 1 écu de 60 sols cour..	88 $\frac{5}{8}$ den. de gr. d'Holl.	f 164 $\frac{1}{2}$ de France....	53 $\frac{7}{8}$
GÊNES........	..id..1 piast. de 115 s. hors b.	85 $\frac{1}{4}$ .....id........	478 centimes......	53 $\frac{11}{16}$
HAMBOURG....	..id..2 marcs banco.......	33 $\frac{1}{10}$ stuivers.........	f. 184 $\frac{1}{4}$ de France....	53 $\frac{1}{4}$
LIVOURNE.....	..id..1 piastre de 8 réaux..	95 $\frac{1}{2}$ deniers de gros...	520 centimes......	55 $\frac{3}{32}$
LISBONNE.....	..id..1 creusade de 400 rés..	45 $\frac{1}{8}$.. ..id........	470 rés..........	53 $\frac{5}{16}$
LONDRES, b°..	..id..1 livre sterling......	35 $\frac{1}{12}$ sols de gros b°..	f. 22.75 c. de France.	* 56 $\frac{1}{32}$
..id...courant.	..id..1,....id...........	fl. 10.11 s. 6 den. cour...	23 ......id.....	55 $\frac{3}{16}$
TURIN........	reçoit 1 florin d'Hollande ..	35 $\frac{1}{2}$ sols de Turin....	49 sols de Turin..	56
VENISE.......	donne 1 duc. b° de 124 march.	88 $\frac{1}{8}$ den. de gr. d'Holl.	59 $\frac{1}{4}$ duc. b° de Ven.	* 52 $\frac{11}{32}$
VIENNE......	..id..1 rixd. de 1 $\frac{1}{4}$ florin...	35 $\frac{1}{2}$ stuivers.........	256 centimes......	55 $\frac{15}{32}$

Paris donnant le certain à Amsterdam, bon à remettre à 56 $\frac{1}{32}$, bon à tirer à 52 $\frac{21}{32}$ (1).

Monnaies de change d'Amsterdam.

LA rixdale vaut 2 $\frac{1}{2}$ florins, ou 50 stuivers, ou 100 deniers de gros.

Le florin, 20 stuivers, ou 40 deniers de gros.

Le stuiver, 16 penins, ou 2 deniers de gros.

La livre de gros, 6 florins, ou 20 sols de gros, ou 240 deniers de gros.

Le sol de gros, 6 stuivers, ou 12 deniers de gros.

Le denier de gros, 8 penins, ou un $\frac{1}{2}$ stuiver.

Amsterdam change en rixdales, florins, stuivers, sols de gros et deniers de gros.

Elle change avec quelques places en argent courant, avec d'autres en argent de banque.

L'agio de banque est de 3 à 5 pour % au-dessus de l'argent courant; 100 florins banco font 103 à 105 florins courans.

(1) Afin de faciliter la recherche des places par l'entremise desquelles il sera le plus convenable, soit de remettre, de tirer, ou de se faire remettre d'après les calculs des arbitrages des tableaux de cet ouvrage, j'ai indiqué ces places par une étoile à côté de leurs parités.

Amsterdam.

Augsbourg.

Basle.

Bergame.

Berlin.

Cologne.

Constantinople

Copenhague.

Espagne.

Francfort.

Gênes.

Genève.

Hambourg.

Leipsick.

Lisbonne.

Livourne.

Londres.

Milan.

Naples.

Palerme.

Pétersbourg.

Rome.

Stockolm.

Turin.

Venise.

Vienne.

	Règles conjointes.	Règles réduites à trois nombres.
par Amsterdam.	3 francs de France... font *56 ½ den. de gros d'Holl. 100 deniers de gros........ 1 rixdale, ...id. 100 rixdales banco........ *108 ½ rixd. giro d'Augsb. 100 rixdales giro.......... 127 rixd. courantes, id. 1 rixdale courante...... 1 ½ florin courant, id. combien..... 300 francs de France.	Multipliez le change d'Augsbourg sur Amsterdam par celui d'Amsterdam sur Paris, et divisez par 52 ½.
par Francfort.	300 francs de France...font *78 rixdales de Francfort. 100 rixdales.............. *99 rixdales cour. d'Augsb. 1 rixdale courante...... 1 ½ florin courant, id. combien..... 300 francs de France.	Multipliez le change de Francfort sur Paris par celui d'Augsbourg sur Francfort, et divisez par 66 ⅔.
par Gênes.	*4 fr. 76 centimes ...font 1 piastre de Gênes. 1 piastre............... 115 sols.....id. *61 ½ sols.............. 1 florin courant d'Augsb. combien..... 300 francs de France.	Divisez 3450000 par le change de Paris sur Gênes, après l'avoir réduit en centimes, et divisez le produit par le change de Gênes sur Augsbourg.
par Genève.	*167 ½ francs de France..font 100 livres cour. de Genève. 3 livres courantes....... 1 écu de Genève. 100 écus de Genève .... *130 rixd. cour. d'Augsb. 1 rixdale .... 1 ½ florin courant, id. combien..... 300 francs de France.	Multipliez le change d'Augsbourg sur Genève par 15000, et divisez par le change de Paris sur Genève, après l'avoir réduit en centim.
par Hambourg.	*189 ½ francs de France..font 100 marcs b°. d'Hambourg. 3 marcs banco.......... 1 rixdale banco, id. 100 rixdales banco........ *115 ¼ rixdales giro d'Augsb. 100 rixdales giro.......... 127 rixdales courantes, id. 1 rixdale courante...... 1 ½ florin courant, id. combien..... 300 francs de France.	Multipliez le change d'Augsbourg sur Hambourg par 19050, et divisez par le change de Paris sur Hambourg, après l'avoir réduit en centimes.
par Livourne, 1er. mode.	*5 francs 10 centimes..font 1 piastre de Livourne. 100 piastres.............. *199 ½ florins cour. d'Augsb. combien..... 300 francs de France.	Multipliez le change d'Augsbourg sur Livourne par 300, et divisez par le change de Paris sur Livourne, après l'avoir réduit en cent.
par Livourne, 2e. mode.	*5 francs 10 centimes..font 1 piastre de Livourne. 1 piastre .... 115 sols......id. *58 sols de Livourne...... 1 florin courant d'Augsb. combien..... 300 francs de France.	Divisez 3450000 par le change de Paris sur Livourne, après l'avoir réduit en centimes, et divisez le produit par le change de Livourne sur Augsbourg.
par Londres.	*22 ⅖ francs de France..font 1 livre sterling. 1 livre sterling.......... *8 fl. 40 creutz. c^s. d'Augsb. combien..... 300 francs de France.	Réduisez le change d'Augsbourg sur Londres en creutzers, multipliez-le par 500, et divisez le produit par le change de Paris sur Londres, après l'avoir réduit en centimes.
par Milan.	3 francs de France...font *56 sols impér. de Milan. 106 sols impériaux........ 150 sols courans, id. *67 sols courans de Milan.. 1 florin cour. d'Augsb. combien..... 300 francs de France.	Multipliez le change de Milan sur Paris par 141 ¼, et divisez par le change de Milan sur Augsbourg.
par Turin.	3 francs de France...font *51 sols de Turin. *45 ½ sols de Turin. 1 florin cour. d'Augsb. combien....., 300 francs de France.	Multipliez le change de Turin sur Paris par 100, et divisez par le change de Turin sur Augsbourg.
par Venise.	300 francs de France...font *60 ¼ ducats b°. de Venise. 100 ducats banco.......... *101 ⅛ rixd. giro d'Augsb. 100 rixd. giro d'Augsbourg.. 127 rixdales courantes, id. 1 rixdale courante, id... 1 ½ florin courant, id. combien..... 300 francs de France.	Multipliez le change de Venise sur Paris par celui d'Augsbourg sur Venise, et divisez par 52 ½.

N°. 2. AUGSBOURG.

	Changes d'Augsbourg.	Changes de Paris.	Parités en florins courans d'Augsbourg pour 500 fr. de France.
Paris.........	donne 3oo francs......pour 116 ½ fl. cour. d'Augsb..		
Amsterdam...	..*id*..1oo rixdales banco... 1o8 ¼ rixd. giro, *id*.`..	56 ½ den. de gr. d'Holl.	116 ½
Francfort....	..*id*..1oo rixdal. courantes. 99 rixd. courantes, *id*.	78 rixd. de Francfort.	115 ¹¹⁄₁₆
Gênes........	reçoit 1 florin courant.... 61 ¼ sols de Gênes....	f. 4.76 c. de France.	* 118 ⁵⁄₁₆
Genève......	donne 1oo écus courans.... 13o rixd. cour. d'Augsb.	f.167 ½ ......*id*....	116 ⁷⁄₁₆
Hambourg....	..*id*..1oo rixdales banco... 115 ¼ rixd. giro, *id*....	f.189 ½ ......*id*....	115 ¹¹⁄₁₆
Livourne,1ʳm.	..*id*..1oo piastres de 8 réaux 199 ¼ flor. cour. *id*.....	f. 5.10 c. ...*id*....	117 ⁷⁄₃₂
..*id*. 2ᵉ. mode.	reçoit 1 florin courant... 58 sols de Livourne...	f. 5.10 c. ...*id*....	116 ¹¹⁄₁₆
Londres......	donne 1 livre sterling.... 8 fl. 4o creut. cˢ d'Augsb.	f. 22 ½ .....*id*....	* 115 ⁹⁄₁₆
Milan........	reçoit 1 florin courant.... 67 sols cour. de Milan..	56 sols imp. de Milan.	118 ⁵⁄₁₆
Turin........	..*id*.. 1 .....*id*....... 43 ½ sols de Turin.....	51 sols de Turin.....	117 ¼
Venise......	donne 1oo ducats banco.... 101 ⅞ rixd. giro d'Augsb.	6o ¼ duc. bᵒ de Venise.	116 ¾

Paris donnant le certain à Augsbourg, bon à remettre à 118 ¹⁄₁₆, bon à tirer à 115 ⁹⁄₁₆.

Monnaies de change d'Augsbourg.

La rixdale vaut 1 ½ florin, ou 9o creutzers.

Le florin, 6o creutzers.

Le creutzer, 4 penins, ou 8 hellers.

Augsbourg change en rixdales et florins. On distingue la monnaie courante et celle de change ou giro.

1oo pièces, monnaie de change ou giro, font 127 pièces monnaie courante.

	Règles conjointes.	Règles réduites à trois nombres.
par Amsterdam.	1 ½ franc de France...fait — 1 livre de Bâle. * 144 ½ livres de Bâle........ — 100 florin cour. d'Hollande. 1 florin courant......... — 40 deniers de gros, *id.* * 56 ½ deniers de gros...... — 3 francs de France. combien..... — 100 francs de France.	Divisez 800000 par le change d'Amsterdam sur Paris, et divisez le produit par le change de Bâle sur Amsterdam.
par Augsbourg.	1 ½ franc de France....fait — 1 livre de Bâle. * 171 ½ livres de Bâle....... — 100 florins cour. d'Augsb. * 117 ½ florins courans....... — 300 francs de France. combien..... — 100 francs de France.	Divisez 2000000 par le change de Bâle sur Augsbourg, et divisez le produit par le change d'Augsbourg sur Paris.
par Francfort.	1 franc de France....fait — 24 creutzers de Bâle. 60 creutzers de Bâle...... — 1 florin....*id.* * 98 ½ florins...*id.*...... — 100 fl. monnaie de Francf. 1 florin de Francfort... — 1 rixdale......*id.* * 78 ½ rixdales, *id.*...... — 300 francs de France. combien..... — 100 francs de France.	Divisez 800000 par le change de Bâle sur Francfort, et divisez le produit par le change de Francfort sur Paris.
par Gênes.	1 ½ franc de France...fait — 1 livre de Bâle. 1 livre de Bâle.......... — 20 sols de Bâle. * 62 ½ sols ...*id.*....... — 1 piastre de Gênes. 1 piastre............. — *480 centimes. 100 centimes......... — 1 franc de France. combien..... — 100 francs de France.	Multipliez le change de Paris sur Gênes par 13 ½, et divisez par le change de Bâle sur Gênes.
par Hambourg.	1 ½ franc de France...fait — 1 livre de Bâle. * 127 livres de Bâle........ — 100 marcs banco d'Hamb. 100 marcs banco. — * 191 francs de France. combien..... — 100 francs de France.	Multipliez le change de Paris sur Hambourg par 66 ⅔, après l'avoir réduit en centimes, divisez par le change de Bâle sur Hambourg, et coupez les deux derniers chiffres du produit.
par Londres.	1 ½ francs de France...fait — 1 livre de Bâle. * 15 livres de Bâle........ — 1 livre sterling. 1 livre sterling......... — * 23 francs de France. combien..... — 100 francs de France.	Multipliez le change de Paris sur Londres par 66 ⅔, après l'avoir réduit en centimes, divisez par le change de Bâle sur Londres, et coupez les deux derniers chiffres du produit.
par Livourne.	* 1 ½ franc de France...fait — 1 livre de Bâle. 1 livre de Bâle......... — 20 sols....*id.* * 70 ½ sols...*id.*......... — 1 piastre de Livourne. 1 piastre............. — *523 centimes. 100 centimes........... — 1 franc de France. combien..... — 100 francs de France.	Multipliez le change de Paris sur Livourne par 13 ½, et divisez par le change de Bâle sur Livourne.
par Lausanne.	* 98 ½ francs de France...font — 100 fr. de Fr. à Lausanne. 100 fr. de France à Lausanne. — * 98 fr. de France à Bâle. combien..... — 100 francs de France.	Multipliez le change de Bâle sur Lausanne par 100, et divisez par le change de Paris sur Lausanne.
par Milan.	1 ½ franc de France...fait — 1 livre de Bâle. * 51 ½ livres de Bâle........ — 101 liv. cour. de Milan. 1 livre courante de Milan. — 20 sols courans, *id.* 150 sols courans de Milan. — 106 sols impériaux, *id.* * 56 sols impériaux de Milan. — 3 francs de France. combien..... — 100 francs de France.	Divisez 282666 ⅔ par le change de Bâle sur Milan, et divisez le produit par le change de Milan sur Paris.
par Nuremberg.	1 ½ franc de France...fait — 1 livre de Bâle. 1 livre de Bâle......... — 36 creutzers, *id.* 60 creutzers, *id.*......... — 1 florin, *id.* 100 florins, *id.*......... — * 99 florins de Nuremberg. 1 florin de Nuremberg... — 72 creutzers, *id.* * 27 creutzers, *id.*........ — 1 franc de France. combien..... — 100 francs de France.	Multipliez le change de Nuremberg sur Bâle par 28 ⅘, et divisez par le change de Nuremberg sur Paris.
par Vienne.	1 ½ franc de France...fait — 1 livre de Bâle. * 165 livres de Bâle........ — 100 florins de Vienne. 1 florin de Vienne....... — *257 centimes. 100 centimes........ — 1 franc de France. combien..... — 100 francs de France.	Multipliez le change de Paris sur Vienne par 66 ⅔, et divisez par le change de Bâle sur Vienne.

N°. 3. BASLE.

		Changes de Basle.	Changes de Paris.	Parités en francs, contre même monnaie à Basle.
PARIS.........	donne 100 francs......pour	99 francs à Basle.....	....	101
AMSTERDAM...	..id..100 florins courans..	$144\frac{1}{4}$ livres de Basle...	$56\frac{1}{2}$ den. de gr. d'Holl.	$98\frac{5}{31}$
AUGSBOURG ...	..id..100 florins courans...	$171\frac{1}{4}$ ....id.....	$117\frac{1}{4}$ fl. cour. d'Augsb.	$98\frac{29}{31}$
FRANCFORT ...	..id..100 florins monnaie..	$98\frac{1}{2}$ florins de Basle...	$78\frac{1}{4}$ rixd. de Francf..	$103\frac{13}{16}$
GÊNES.........	..id. 1 piastre de 115 s. h. b^c.	$62\frac{1}{2}$ sols de Basle.....	480 centimes.......	$102\frac{13}{31}$
HAMBOURG.....	..id..100 marcs banco.....	127 livres de Basle.....	f. 191 de France.....	$100\frac{1}{4}$
LONDRES......	..id.. 1 livre sterling....	15 dites....id.......	f. 23 ...id.........	$102\frac{7}{31}$
LIVOURNE	..id.. 1 piastre de 8 réaux.	$70\frac{1}{2}$ sols....id.......	523 centimes.......	$98\frac{11}{16}$
LAUSANNE	..id..100 francs de France.	$98\frac{1}{2}$ francs à Basle....	98 francs.........	$100\frac{1}{2}$
MILAN.........	..id..101 livres courantes..	$51\frac{1}{2}$ livres de Basle...	56 sols imp. de Milan.	* 98
NUREMBERG...	reçoit 100 florins.........	99 florins de Nuremb..	27 creutzers de Nur.	* $105\frac{19}{31}$
VIENNE......,	donne 100 florins	165 livres de Basle....	257 centimes.......	$103\frac{27}{31}$

Paris donnant l'incertain à Basle , bon à remettre à 98, bon à tirer à $105\frac{19}{31}$.

Monnaies de change de Basle.

Le florin vaut 60 creutzers.
La livre, 20 sols, ou 36 creutzers.
Le sol, 12 deniers.
Basle change en florins, livres et sols ; avec Paris elle change en francs : c'est-à-dire que Basle donne à Paris 100 francs, plus ou moins, pour 100 francs à Paris. Elle change aussi en livres et sols de Suisse, dont 4 livres font 6 francs.

Basle.
Bergame.
Berlin.
Bologne.
Constantinople.
Copenhague.
Espagne.
rancfort.
Gênes.
Genève.
Hambourg.
Leipsick.
Lisbonne.
Livourne.
Londres.
Milan.
Naples.
Palerme.
Pétersbourg.
Rome.
Stockolm.
Turin.
Venise.
Vienne.

	Règles conjointes.	Règles réduites à trois nombres.
par Amsterdam.	5 francs de France....font * $56\frac{1}{7}$ den. de gr. d'Hollande. 40 deniers de gros........ 1 florin d'Hollande. 1 florin.............. * $83\frac{1}{8}$ sols de Bergame. combien..... 3 francs de France.	Multipliez le change de Bergame sur Amsterdam par celui d'Amsterdam sur Paris, et divisez par 40.
par Augsbourg.	300 francs de France....font * $116\frac{2}{3}$ florins cour. d'Augsb. 1 florin d'Augsbourg...... * $99\frac{1}{8}$ sols de Bergame. combien...... 3 francs de France.	Multipliez le change d'Augsbourg sur Paris par le change de Bergame sur Augsbourg, et divisez par 100.
par Gênes.	1 franc de France.....fait 100 centimes. *477 centimes .... 1 piastre de Gênes. 1 piastre .... 115 sols de Gênes. 20 sols de Gênes......... * 53 sols de Bergame. combien..... 3 francs de France.	Multipliez le change de Bergame sur Gênes par 1725, et divisez par le change de Paris sur Gênes.
par Hambourg.	* $189\frac{1}{2}$ francs de France...font 100 marcs lubs d'Hambourg. 1 marc lubs............. * 74 sols de Bergame. combien..... 3 francs de France.	Multipliez le change de Bergame sur Hambourg par 30000, et divisez par le change de Paris sur Hambourg, après l'avoir réduit en centimes.
par Londres.	* 23 francs de France....font 1 livre sterling. 1 livre sterling.......... * 45 livres de Bergame. 1 livre de Bergame....... 20 sols de Bergame. combien...... 3 francs de France.	Réduisez le change de Bergame sur Londres en sols; multipliez le produit par 300, et divisez par le change de Paris sur Londres, après l'avoir réduit en centimes.
par Livourne.	1 franc de France..... fait 100 centimes. * 507 centimes............. 1 piastre de Livourne. 1 piastre................ * $197\frac{1}{2}$ sols de Bergame. combien...... 3 francs de France.	Multipliez le change de Bergame sur Livourne par 300, et divisez par le change de Paris sur Livourne.
par Milan.	5 francs de France....font * 55 sols impériaux de Milan. 20 sols impériaux de Milan. 1 livre impér. de Milan. 106 livres impériales....... 150 livres cour. de Milan. 7 livres courantes........ *211 sols de Bergame. combien..... 3 francs de France.	Multipliez le change de Bergame sur Milan par celui de Milan sur Paris, et divisez par $98\frac{14}{17}$.
par Rome.	1 franc de France.....fait 100 centimes. *515 centimes............. 1 écu de 10 Jules de Rome. 1 écu de 10 Jules........ * 202 sols de Bergame. combien..... 3 francs de France.	Multipliez le change de Bergame sur Rome par 300, et divisez par le change de Paris sur Rome.
par Venise.	300 francs de France....font * $60\frac{1}{3}$ ducats banco de Venise. 1 ducat banco........... L 9 $\frac{3}{5}$ de Venise. 100 livres de Venise....... * $103\frac{1}{2}$ livres de Bergame. 1 livre de Bergame....... 20 sols de Bergame. combien.... 3 francs de France.	Multipliez le change de Bergame sur Venise par celui de Venise sur Paris, et divisez par $52\frac{1}{10}$.
par Vienne.	1 franc de France......fait 100 centimes. * 255 centimes.............. 1 florin de Vienne. 1 florin .... * 100 sols de Bergame. combien..... 5 francs de France.	Multipliez le change de Bergame sur Vienne par 300, et divisez par le change de Paris sur Vienne.

N°. 4. BERGAME.

			Changes de Bergame.	Changes de Paris.	Parités en sols de Bergame, pour 3 francs de France.
PARIS.........	donne	3 francs......pour	118 ¼ sols de Bergame..		
AMSTERDAM...	..id..	1 florin banco.....	83 ½ .....id........	56 ½ den. de gr. d'Holl.	117 $\frac{31}{32}$
AUGSBOURG...	..id..	1 florin courant...	99 ½ .....id........	116 ¼ fl. cour. d'Augsb.	* 116 $\frac{5}{32}$
GÊNES........	..id..	1 livre hors banque.	33 ......id........	477 centimes	119 $\frac{11}{32}$
HAMBOURG....	..id..	1 marc banco.....	74 ......id........	f. 189 ½ de France....	117 ⅛
LONDRES......	..id..	1 livre sterling....	L. 45 de Bergame.....	f. 23 .....id,......	117 ⅝
LIVOURNE	..id..	1 piastre de 8 réaux.	197 ½ sols de Bergame.	507 centimes.......	116 $\frac{17}{32}$
MILAN........	..id..	7 livres courantes..	211 ......id........	55 sols imp. de Milan.	117 $\frac{5}{16}$
ROME.........	..id..	1 écu de 10 Jules..	202 ......id........	515 centimes........	117 $\frac{21}{32}$
VENISE.......	..id..	100 livres de banque.	103 ½ liv. de Bergame..	60 ½ duc. b°. de Venise.	* 120 ¼
VIENNE.......	..id..	1 florin..........	100 sols de Bergame..	255 centimes	1 17 $\frac{13}{16}$

Paris donnant le certain à Bergame, bon à remettre à 120 ¼, bon à tirer à 116 $\frac{5}{32}$.

Monnaies de change de Bergame.

LA livre vaut 20 sols.
Le sol, 12 deniers.
Bergame change en livres et en sols.

	Règles conjointes.	Règles réduites à trois nombres.
par Amsterdam.	1 livre banco de Prusse..fait *43 $\frac{7}{8}$ stuivers d'Hollande. 1 stuiver .... 2 deniers de gros *id.* *56 deniers de gros .... 3 francs de France. 1 franc de France......... 100 centimes. combien..... 1 livre banco de Prusse.	Multipliez le change d'Amsterdam sur Berlin par 600, et divisez par le change d'Amsterdam sur Paris.
par Francfort.	1 livre banco de Prusse..fait * 112 $\frac{5}{8}$ creutz. de Francfort. 60 creutzers .... 1 florin,......*id.* 1 $\frac{1}{4}$ florin .... 1 rixdale, ...*id.* *78 $\frac{1}{4}$ rixdales............. 300 francs de France. 3 francs de France....... 300 centimes. combien..... 1 livre banco de Prusse.	Multipliez le change de Francfort sur Berlin par 333 $\frac{1}{3}$, et divisez par le change de Francfort sur Paris.
par Hambourg.	1 livre banco de Prusse..fait * 41 $\frac{1}{4}$ sols lubs d'Hambourg. 16 sols lubs .... 1 marc.....*id.* 100 marcs .... * 194 francs de France. 1 franc de France......... 100 centimes. combien.... 1 livre banco de Prusse.	Multipliez le change d'Hambourg sur Berlin par celui de Paris sur Hambourg, après l'avoir réduit en centimes, et divisez par 1600.
par Londres.	1 livre banco de Prusse..fait * 48 $\frac{5}{8}$ deniers sterling. 240 deniers sterling........ 1 livre sterling. 1 livre sterling........... * 22 $\frac{3}{4}$ francs de France. 1 franc de France... ..... 100 centimes. combien..... 1 livre banco de Prusse.	Multipliez le change de Londres sur Berlin par celui de Paris sur Londres, après l'avoir réduit en centimes, et divisez par 240.
par Vienne.	1 livre banco de Prusse..fait * 113 creutzers de Vienne. 60 creutzers.............. 1 florin de Vienne. 1 florin................. * 253 centimes. combien..... 1 livre banco de Prusse.	Multipliez le change de Vienne sur Berlin par celui de Paris sur Vienne, et divisez par 60.

N°. 5. BERLIN et BRESLAU.		Changes de Berlin.	Changes de Paris.	Parités en centimes pour 1 livre banco de Prusse.
Paris.........	reçoit 1 l. b°. de Prusse. pour	478 centimes. (a)......		
Amsterdam...	..id..1.....id...........	43 $\frac{7}{8}$ stuiv. d'Hollande.	56 den. de gr. d'Holl.	470.
Francfort....	..id..1.....id...........	112 $\frac{5}{8}$ creutz. de Francf.	78 $\frac{1}{4}$ rixd. de Francf.	480.
Hambourg....	..id..1.....id...........	41 $\frac{1}{4}$ sols lubs d'Hamb.	194 francs de France.	* 500.
Londres......	..id..1.....id...........	48 $\frac{1}{8}$ deniers sterling..	22 $\frac{3}{4}$ .....id.......	* 458.
Vienne.......	..id..1.....id...........	113 creutzers de Vienne.	253 centimes	476.

Paris donnant l'incertain à Berlin et Breslau, bon à remettre à 458, bon à tirer à 500.

Monnaies de change de Berlin et Breslau.

La rixdale vaut 24 gros.
Le gros, 12 deniers.
La livre banco, 24 gros.
Le gros banco, 12 deniers banco.
100 livres banco font 125 rixdales en frédéricks d'or.

(a) Je n'ai pas cru nécessaire d'ajouter à mes Tableaux les fractions des centimes, que l'on pourra, si le besoin l'exige, ne pas négliger dans les calculs que l'on fera d'après mes principes.

	Règles conjointes.	*Règles réduites à trois nombres.*
par Amsterdam.	3 francs de France....font * 56 $\frac{1}{5}$ deniers de gros d'Holl. 40 deniers de gros......... 1 florin.........id. 1 florin.............. * 40 sols de Bologne. combien..... 3 francs de France.	Multipliez le change de Bologne sur Amsterdam par celui d'Amsterdam sur Paris, et divisez par 40.
par Gênes.	* 4 fr. 71 centimes.....font 1 piastre de Gênes. 1 piastre .... *L*. 5. 15 sols...*id*. 6 livr. de Gênes hors banq. * 92 sols de Bologne. combien..... 3 francs de France.	Multipliez le change de Bologne sur Gênes par 287 $\frac{1}{2}$, et divisez par le change de Paris sur Gênes, après l'avoir réduit en centim.
par Livourne.	* 5 fr. 10 centimes......font 1 piastre de Livourne. 1 piastre .... * 95 $\frac{1}{2}$ sols de Bologne. combien..... 3 francs de France.	Multipliez le change de Bologne sur Livourne par 300, et divisez par le change de Paris sur Livourne, après l'avoir réduit en cent.
par Milan.	5 francs de France....font * 54 $\frac{1}{2}$ sols impér. de Milan. 106 sols impériaux......... 150 sols courans , *id*. 20 sols courans de Milan... 1 livre courante, *id*. 6 livres courantes........ * 84 $\frac{1}{2}$ sols de Bologne. combien..... 3 francs de France.	Multipliez le change de Bologne sur Milan par celui de Milan sur Paris, et divisez par 84 $\frac{1}{2}$.
par Naples.	1 franc de France..... fait 100 centimes. * 418 centimes............ 1 ducat de Naples. 1 ducat............. * 80 $\frac{1}{2}$ sols de Bologne. combien..... 3 francs de France.	Multipliez le change de Bologne sur Naples par 300, et divisez par le change de Paris sur Naples.
par Rome.	1 franc de France.....fait 100 centimes. * 515 centimes............ 1 écu monnaie de Rome. 1 écu monnaie......... * 97 sols de Bologne. combien..... 3 francs de France.	Multipliez le change de Bologne sur Rome par 300, et divisez par le change de Paris sur Rome.
par Venise.	300 francs de France....font * 60 ducats banco de Venise. 1 ducat banco........... *L*. 9 $\frac{5}{8}$ de Venise. 6 $\frac{1}{8}$ livres courantes...... * 58 $\frac{1}{2}$ sols de Bologne. combien..... 3 francs de France.	Multipliez le change de Bologne sur Venise par celui de Venise sur Paris, et divisez par 64 $\frac{7}{12}$.
par Vienne.	1 franc de France.....fait 100 centimes. * 255 centimes............ 1 florin de Vienne. 1 florin .... * 47 $\frac{1}{2}$ sols de Bologne. combien..... 3 francs de France.	Multipliez le change de Bologne sur Vienne par 300, et divisez par le change de Paris sur Vienne.

N°. 6. BOLOGNE.

	Changes de Bologne.	Changes de Paris.	Parités en sols de Bologne, pour 3 francs de France.	
PARIS......... donne 3 francs.......pour	56 ½ sols de Bologne....			
AMSTERDAM... ..*id*.. 1 florin banco.......	40 ......*id*.........	56 $\frac{1}{8}$ den. de gr. d'Holl.	56 $\frac{1}{8}$	
GÊNES......... ..*id*..6 liv. hors banque...	92 ......*id*........	f.4.71 centimes.....	56 $\frac{5}{32}$	
LIVOURNE.... ..*id*.. 1 piastre de 8 réaux...	95 ¼.....*id*.......	f.5.10 ...*id*.......	56 $\frac{1}{32}$	
MILAN......... ..*id*..6 livres courantes....	84 ½ ....*id*........	54 ½ sols imp. de Milan.	54 $\frac{5}{16}$	Bologne.
NAPLES....... ..*id*.. 1 ducat de 10 carlins.	80 ½ .....*id*........	418 centimes........	* 57 $\frac{25}{32}$	Constantinople.
ROME......... ..*id*..1 écu monnaie	97 ......*id*........	517 ...*id*.........	56 ½	Copenhague.
VENISE....... ..*id*..1 ducat courant......	58 ½ .....*id*.......	60 duc. b°. de Venise.	* 54 $\frac{5}{16}$	Espagne.
VIENNE....... ..*id*..1 florin............	47 ¾ .....*id*.......	255 centimes.......	56 $\frac{3}{16}$	Francfort.

Paris donnant le certain à Bologne, bon à remettre à 57 $\frac{25}{32}$, bon à tirer à 54 $\frac{5}{16}$.

Monnaies de change de Bologne.

LA livre vaut 20 sols.
Le sol, 12 deniers.

Gênes.

Genève.

Hambourg.

Leipsick.
Lisbonne.

Livourne.

Londres.

Milan.

Naples.
Palerme.

Pétersbourg.

Rome.
Stockolm.

Turin.
Venise.

Vienne.

	Règles conjointes.	Règles réduites à trois nombres.
par Amsterdam.	5 francs de France....font * 57 den. de gros d'Hollande. 40 deniers de gros.......... 1 florin courant *id.* 1 florin................. * 51 parats de Constantinople. 40 parats................. 1 piastre ....*id.* combien..... 5oo francs de France.	Multipliez le change d'Amsterdam sur Paris par celui de Constantinople sur Amsterdam, et divisez par 16.
par Livourne.	1 franc de France......fait 100 centimes. * 510 centimes.............. 1 piastre de Livourne. 1 piastre............... * 68 parats de Constantinople. 40 parats................ 1 piastre ....*id.* combien..... 5oo francs de France.	Multipliez le change de Constantinople sur Livourne par 750, et divisez par le change de Paris sur Livourne.
par Naples.	1 franc de France......fait 100 centimes. * 420 centimes.............. 1 ducat de Naples. 1 ducat................ * 56 parats de Constantinople. 40 parats................ 1 piastre ....*id.* combien..... 5oo francs de France.	Multipliez le change de Constantinople sur Naples par 750, et divisez par le change de Paris sur Naples.
par Vienne.	1 franc de France..... fait 100 centimes. * 258 centimes.............. 1 florin de Vienne. 1 florin............... 6o creutzers , *id.* * 66 creutzers.............. 1 piastre de Constantinop. combien...... 5oo francs de France.	Divisez 1800000 par le change de Paris sur Vienne , et divisez le produit par le change de Vienne sur Constantinople.

N°. 7. CONSTANTINOPLE.

	Changes de Constantinople.		Changes de Paris.	Parités en piastres de Constantinople, pour 300 fr. de France.
,PARIS......... donne 300 francs...... pour	102 piast. de Constantin.			
AMSTERDAM... ..*id*.. 1 florin courant...	31 parats.... *id*......		57 den. de gr. d'Holl.	* 110 $\frac{7}{16}$
LIVOURNE..... ..*id*.. 1 piastre de 8 réaux.	68 dits...... *id*......		510 centimes.......	* 100 (*a*).
NAPLES....... ..*id*.. 1 duc. de 10 carlins.	56 dits...... *id*......		420 dites..........	100
VIENNE....... reçoit 1 piast. de 40 parats.	66 creutzers de Vienne.		258 dites..........	105 $\frac{17}{32}$

Paris donnant le certain à Constantinople, bon à remettre à 110 $\frac{7}{16}$, bon à tirer à 100.

Monnaies de change de Constantinople.

LA piastre vaut 40 parats, ou 120 aspres.

Le parat, 3 aspres.

Constantinople change en piastres et en parats.

(*a*) Lorsque deux parités seront égales, comme celles par Livourne et par Naples, du tableau ci-dessus, il faudra choisir de préférence la place la moins éloignée, afin que l'opération soit plus certaine.

4

Constantinople.
Copenhague.
Espagne.
Francfort.
Génes.
Genève.
Hambourg.
Leipsick.
Lisbonne.
Livourne.
Londres.
Milan.
Naples.
Palerme.
Pétersbourg.
Rome.
Stockolm.
Turin.
Venise.
Vienne.

	Règles conjointes.	*Règles réduites à trois nombres.*
par Amsterdam.	5 francs de France....font * 56 den. de gros d'Hollande. 40 deniers de gros......... 1 florin courant , *id.* 2 ½ florins.............. 1 rixdale........ *id.* 100 rixdales.............. * 118 ½ rixdal. de Copenhague. combien..... 500 francs de France.	Multipliez le change d'Amsterdam sur Paris par celui de Copenhague sur Amsterdam, et divisez par 100.
par Dantzick.	*288 francs de France....font 100 rixdales de Dantzick. 100 rixdales de Dantzick.... * 63 ½ rixd. de Copenhague. combien..... 500 francs de France.	Multipliez le change de Copenhague sur Dantzick par 10000, et divisez par le change de Paris sur Dantzick , après l'avoir réduit en centimes.
par Hambourg.	* 188 ⅝ francs de France...font 100 marcs b°. d'Hambourg. 3 marcs banco.......... 1 rixdale banco , *id.* 100 rixdales banco .... * 125 ½ rixdal. de Copenhague. combien..... 500 francs de France.	Multipliez le change de Copenhague sur Hambourg par 10000, et divisez par le change de Paris sur Hambourg , après l'avoir réduit en centimes.
par Londres.	* 23 ¼ francs de France...font 1 livre sterling. 1 livre sterling.......... * 5 ½ rixd. de Copenhague. combien...... 500 francs de France.	Multipliez le change de Copenhague sur Londres par 30000, et divisez par le change de Paris sur Londres , après l'avoir réduit en centimes.

N°. 8.   COPENHAGUE.

	Changes de Copenhague.	Changes de Paris.	Parités en rixdales de Copenhague, pour 300 fr. de France.
PARIS.........	donne 300 francs......pour 65 rixd. de Danemarck.		
AMSTERDAM...	..id.. 100 rixdales........ 118 1/2 .....id........	56 den. de gros d'Holl.	66 1/8
DANTZICK.....	..id.. 100 rixdales....... 63 1/2 .....id........	288 francs de France.	66 1/12
HAMBOURG....	..id.. 100 rixdales banco.. 123 1/4 .....id......	188 1/4 .....id......	* 65 9/12
LONDRES......	..id.. 1 livre sterling.... 5 1/4 .....id........	23 1/4 .....id......	* 67 11/12

Paris donnant le certain à Copenhague , bon à remettre à 67 11/12 , bon à tirer à 65 9/12.

Monnaies de change de Copenhague.

La rixdale vaut 3 marcs lubs , ou 6 marcs Danois , ou 96 sols Danois.
Le marc lubs , 2 marcs Danois , ou 32 sols Danois.
Le marc Danois , 8 sols lubs , ou 16 sols Danois.
Le sol Danois , 6 deniers lubs , ou 12 deniers Danois.
Copenhague ne change qu'en rixdales.

Copenhague.

Espagne.

Francfort.

Génes.

Genève.

Hambourg.

Leipsick.

Lisbonne.

Livourne.

Londres.

Milan.

Naples.

Palerme.

Pétersbourg.

Rome.

Stockolm.

Turin.

Venise.

Vienne.

	Règles conjointes.	*Règles réduites à trois nombres.*
par Amsterdam.	1 pistole de ch. d'Espag. fait 1088 maravédis d'Espagne. 575 maravédis .... 1 ducat..... *id.* 1 ducat................. * 95 den. de gr. d'Hollande. * 56 ¼ den. de gros d'Hollande. 5 francs de France. combien..... 1 pistole d'Espagne.	Multipliez le change d'Amsterdam sur l'Espagne par 8 $\frac{204}{1000}$, et divisez par le change d'Amsterdam sur Paris.
par Gênes, 1er. modo.	1 pistole de ch. d'Espag. fait 32 réaux de ch. d'Espagne. 40 réaux .... 1 pistole d'or, *id.* 1 pistole d'or........... * L21.10 sols de Gênes. 1 livre de Gênes .... 20 sols........ *id.* 115 sols....*id.*.......... * 479 centimes. 100 centimes............. 1 franc de France. combien..... 1 pistole d'Espagne.	Réduisez le change de Gênes sur l'Espagne en sols, multipliez le produit par le change de Paris sur Gênes, et divisez par 14375.
par Gênes, 2° m.	1 pistole de ch. d'Espag. fait 4 piastres d'Espagne. * 124 ⅘ piastres d'Espagne..... 100 piastres de Gênes. 1 piastre de Gênes .... * 474 centimes. 100 centimes........... 1 franc de France. combien.... 1 pistole d'Espagne.	Multipliez le change de Paris sur Gênes par 4, et divisez par le change de l'Espagne sur Gênes.
par Hambourg.	1 pistole de ch. d'Espag. fait 1088 maravédis d'Espagne. 375 maravédis .... 1 ducat........ *id.* 1 ducat................. * 86 ⅓ den. de gros d'Hamb. 32 deniers de gros......... 1 marc banco... *id.* 100 marcs banco........... * 188 ⅔ francs de France. combien..... 1 pistole d'Espagne.	Multipliez le change de Hambourg sur l'Espagne par celui de Paris sur Hambourg, après avoir réduit celui-ci en centimes, divisez par 1100, et coupez les deux derniers chiffres du produit.
par Lisbonne.	1 pistole de ch. d'Espag. fait * 2431 rés. * 485 rés................. 5 francs de France. combien..... 1 pistole d'Espagne.	Multipliez le change de Lisbonne sur l'Espagne par 5, et divisez par le change de Lisbonne sur Paris.
par Livourne.	1 pistole de ch. d'Espag. fait 4 piastres d'Espagne. * 137 ½ piastres d'Espagne..... 100 piastres de Livourne. 1 piastre de Livourne..... * 506 centimes. 100 centimes........... 1 franc de France. combien..... 1 pistole d'Espagne.	Multipliez le change de Paris sur Livourne par 4, et divisez par le change de l'Espagne sur Livourne.
par Londres.	1 pistole de ch. d'Espag. fait 4 piastres d'Espagne. 1 piastre de change, *id.*.... * 58 ½ deniers sterling. 240 deniers sterling........ 1 livre sterling. 1 livre sterling.......... * 22 ½ francs de France. combien..... 1 pistole d'Espagne.	Multipliez le change de Londres sur l'Espagne par celui de Paris sur Londres, après l'avoir réduit en centimes, et divisez par 6000.

J'ai donné pour nombre fixe par Amsterdam 8.$\frac{204}{1000}$, mais pour abréger le calcul, on pourra se servir de $\frac{1}{5}$ pour remplacer la fraction de $\frac{204}{1000}$.

N°. 9.   ESPAGNE.

		Changes d'Espagne.	Changes de Paris.	Parités en francs de France, pour 1 pistole de change d'Espagne.
Paris........	reçoit 1 pist. de 32 réaux pour	* fr. 15 $\frac{1}{4}$ de France.		
Amsterdam...	..id.. 1 ducat de 375 marav..	95 den. de gros d'Holl..	56 $\frac{1}{4}$ den. de gr. d'Holl.	f. 14.69 c.
Gênes, 1ʳ mode.	..id.. 1 pist. d'or de 40 réaux.	L 21. 10 sols de Gênes...	479 centimes.......	* 14.33
..id... 2ᵉ mode.	donne 100 piastr. de 115 s. h. b.	124 $\frac{1}{4}$ piastres d'Espagne.	474 centimes.......	* 15.19
Hambourg....	reçoit 1 ducat de 375 marav..	86 $\frac{1}{2}$ den. de gr. d'Hamb.	188 $\frac{1}{4}$ francs..........	14.84
Lisbonne.....	..id.. 1 pistole de 32 réaux..	2431 rés.............	485 rés...........	15.04
Livourne.....	donne 100 piastres de 8 réaux.	137 $\frac{1}{2}$ piastr. d'Espagne.	506 centimes........	14.72
Londres......	reçoit 1 piastre de 8 réaux...	38 $\frac{7}{8}$ deniers sterling..	22 $\frac{1}{2}$ francs........	14.58

Paris donnant l'incertain à l'Espagne, bon à remettre à 14 fr. 33 c.,
bon à tirer à 15 fr. 19 c., ou à se faire remettre à 15 $\frac{1}{4}$.

Monnaies de change de l'Espagne.

La pistole de change vaut 4 piastres, ou 32 réaux, ou 1088 maravédis.
La pistole d'or, 5 piastres, ou 40 réaux, ou 1360 maravédis.
Le piastre de change, 8 réaux, ou 272 maravédis.
Le ducat de change, 375 maravédis.
L'Espagne change en pistoles de 32 et de 40 réaux, en piastres et en ducats
de change.

	Règles conjointes.	Règles réduites à trois nombres.
par Amsterdam.	3 fiancs de France.... font * 56½ den. de gr. d'Hollande. 40 deniers............... 1 florin ......id. 2½ florins .... 1 rixdale.....id. 100 rixdales banco......... * 158 rixdales de Francfort. combien..... 3oo francs de France.	Multipliez le change d'Amsterdam sur Paris par celui de Francfort sur Amsterdam, et divisez par 100.
par Augsbourg.	3oo fiancs de France....font * 116 ⅗ flor. cour. d'Augsb. 100 florins............... * 100 ½ florins de Francfort. 1 ½ florin............... 1 rixdale...id. combien..... 3oo fiancs de France.	Multipliez le change d'Augsbourg sur Paris par celui de Francfort sur Augsbourg, et divisez par 15o.
par Basle.	* 99 fr. de France à Basle, font 100 francs de France. 1 franc de France........ 24 creutzers de Basle. 6o creutzers............... 1 florin....id. 100 florins............... * 99 ½ florins de Francfort. 1 ½ florins............... 1 rixdale....id. combien..... 3oo francs de France.	Multipliez le change de Francfort sur Basle par 8o, et divisez par le change de Paris sur Basle.
par Genève.	* 167 ½ francs de France...font 100 livres cour. de Genève. 3 livres courantes........ 1 écu courant, id. 100 écus courans........... * 129 ½ rixdales de Francfort. combien..... 3oo francs de France.	Multipliez le change de Francfort sur Genève par 10000, et divisez par celui de Paris sur Genève, après l'avoir réduit en centimes.
par Hambourg.	* 189 ½ francs de France...font 100 marcs banco d'Hamb. 3 marcs banco........... 1 rixdale banco, id. 100 rixdales banco......... * 148 rixdales de Franfort. combien..... 3oo francs de France.	Multipliez le change de Francfort sur Hambourg par 10000, et divisez par le change de Paris sur Hambourg, après l'avoir réduit en centimes.
par Londres.	* 22 ¾ francs de France...font 1 livre sterling. 1 livre sterling.......... * 133 batz de Francfort. 22 ½ batz............... 1 rixdale, id. combien..... 3oo francs de France.	Multipliez le change de Francfort sur Londres par 1333 ⅓, et divisez par le change de Paris sur Londres, après l'avoir réduit en centimes.
par Vienne.	1 franc de France.....fait 100 centimes. * 264 centimes............ 1 florin de Vienne. 1 ½ florin............... 1 rixdale, id. 100 rixdales............... * 100 ½ rixdales de Francfort. combien..... 3oo francs de France.	Multipliez le change de Francfort sur Vienne par 2oo, et divisez par le change de Paris sur Vienne.

N°. 10. FRANCFORT, *s/m.*

		Changes de Francfort.	Changes de Paris.	Parités en rixdales de Francfort, pour 300 fr. de France.
PARIS.........	donne 300 francs......pour	79 $\frac{1}{2}$ rixd. de Francfort.		
AMSTERDAM...	..*id*..100 rixdales banco...	138 ....*id*	56 $\frac{1}{2}$ den. de gr. d'Holl.	77 $\frac{31}{32}$
AUGSBOURG....	..*id*..100 florins courans...	100 $\frac{1}{2}$ florins ...*id*.....	116 $\frac{3}{4}$ fl. cour. d'Augsb.	78 $\frac{7}{32}$
BASLE	..*id*..100 florins..........	99 $\frac{1}{2}$ dits .....*id*.....	99 francs de France.	* 80 $\frac{13}{32}$
GENÈVE.......	..*id*..100 écus courans.....	129 $\frac{1}{2}$ rixdales , *id*.....	167 $\frac{1}{2}$ dits....*id*.....	77 $\frac{5}{16}$
HAMBOURG	..*id*..100 rixdales banco...	148 dits.......*id*.....	189 $\frac{1}{2}$ dits....*id*.....	78 $\frac{7}{32}$
LONDRES.......	..*id*.. 1 livre sterling....	133 batz......*id*.....	22 $\frac{3}{4}$ dits....*id*.....	77 $\frac{15}{16}$
VIENNE.......	..*id*..100 rixdales........	100 $\frac{1}{2}$ rixdales , *id*.....	264 centimes.......	76 $\frac{1}{2}$

Paris donnant le certain à Francfort, bon à remettre à 80 $\frac{13}{32}$, bon à tirer à 76 $\frac{1}{8}$.

Monnaies de change de Francfort.

La rixdale vaut 1 $\frac{1}{2}$ florin , ou 22 $\frac{1}{2}$ batz , ou 90 creutzers.
Le florin, 15 batz , ou 60 creutzers.
Le batz , 4 creutzers.
Le creutzer, 4 penins, ou 8 hellers.
Francfort change en rixdales, florins et batz.

	Règles conjointes.		Règles réduites à trois nombres.
par Amster-dam.	1 piastre de Gênes....fait	*88 ½ den. de gros d'Holl.	Multipliez le change d'Amsterdam sur Gênes par 300, et divisez par le change d'Amsterdam sur Paris.
	*56 den. de gros d'Holl....	3 francs de France.	
	1 franc de France........	100 centimes.	
	combien.....	1 piastre de Gênes.	
par Augsbourg.	1 piastre de Gênes....fait	115 sols de Gênes.	Divisez 3450000 par le change de Gênes sur Augsbourg, et ensuite par celui d'Augsbourg sur Paris.
	*61 ½ sols.....id.........	1 florin cour. d'Augsb.	
	*116 ¾ florins d'Augsbourg...	300 francs de France.	
	1 franc..................	100 centimes.	
	combien.....	1 piastre de Gênes.	
par l'Espagne.	1 piastre de Gênes....fait	L 5 . 15 sols de Gênes.	Réduisez le change de Paris sur l'Espagne en centimes, multipliez le produit par le change de l'Espagne sur Gênes, divisez par $20\frac{708}{1875}$, coupez les deux derniers chiffres du produit.
	L 10 $\frac{7}{10}$........id..........	1 écu d'or de Gênes.	
	1 écu d'or...id..........	*648 maravédis d'Espagne.	
	1088 maravédis...........	1 pistole de ch. id.	
	1 pistole................	*14 francs 50 centimes.	
	1 franc.................	100 centimes.	
	combien.....	1 piastre de Gênes.	
par Genève.	100 piastres de Gênes..font	*94 ¾ écus de Genève.	Réduisez le change de Paris sur Genève en centimes, multipliez le produit par le change de Genève sur Gênes, et divisez par $333\frac{1}{3}$.
	1 écu de Genève.........	5 livres courantes, id.	
	100 livres courantes.......	*167 francs de France.	
	1 franc.................	100 centimes.	
	combien.....	1 piastre de Gênes.	
par Hambourg.	1 piastre de Gênes....fait	115 sols de Gênes.	Multipliez le change de Paris sur Hambourg par 115, après l'avoir réduit en centimes, divisez par le change de Gênes sur Hambourg, et coupez les deux derniers chiffres du produit.
	*45 ½ sols.....id.........	1 marc lubs b°. d'Hamb.	
	100 marcs banco..........	*189 francs de France.	
	1 franc.................	100 centimes.	
	combien.....	1 piastre de Gênes.	
par Lisbonne.	1 piastre de Gênes....fait	*742 rés.	Multipliez le change de Lisbonne sur Gênes par 300, et divisez par le change de Lisbonne sur Paris.
	*464 rés...............	3 francs de France.	
	1 franc.................	100 centimes.	
	combien.....	1 piastre de Gênes.	
par Livourne.	1 piastre de Gênes....fait	115 sols de Gênes.	Multipliez le change de Paris sur Livourne par 115, et divisez par le change de Gênes sur Livourne.
	*123 ½ sols.....id.........	1 piastre de Livourne.	
	1 piastre de Livourne....	*514 centimes.	
	combien.....	1 piastre de Gênes.	
par Londres.	1 piastre de Gênes....fait	*49 deniers sterling.	Multipliez le change de Londres sur Gênes par celui de Paris sur Londres, après l'avoir réduit en centimes, et divisez par 240.
	240 deniers sterling.......	1 livre sterling.	
	1 livre sterling........	*23 ¼ francs de France.	
	1 franc.................	100 centimes.	
	combien.....	1 piastre de Gênes.	
par Milan.	1 piastre de Gênes....fait	115 sols de Gênes.	Multipliez le change de Milan sur Gênes par 265, et divisez par le change de Milan sur Paris.
	92 sols......id..........	*101 sols courans de Milan.	
	150 sols courans........	106 sols impériaux, id.	
	*55 sols impér. de Milan...	3 francs de France.	
	1 franc.................	100 centimes.	
	combien.....	1 piastre de Gênes.	
par Rome.	1 piastre de Gênes....fait	115 sols de Gênes.	Multipliez le change de Paris sur Rome par 115, et divisez par le change de Gênes sur Rome.
	*124 sols......id..........	1 écu monnaie de Rome.	
	1 écu monnaie..........	*518 centimes.	
	combien.....	1 piastre de Gênes.	
par Turin.	1 piastre de Gênes....fait	L 5 ½ de Gênes.	Réduisez le change de Turin sur Gênes en sols, multipliez le produit par $2555\frac{1}{9}$, et divisez par le change de Turin sur Paris.
	13 ½ livres...id..........	*L 9 . 7 sols de Turin.	
	1 livre de Turin........	20 sols id.	
	*50 ½ sols...id...........	300 centimes.	
	combien.....	1 piastre de Gênes.	
par Venise.	1 piastre de Gênes....fait	115 sols de Gênes.	Multipliez le change de Venise sur Gênes par $302\frac{13}{31}$, et divisez par le change de Venise sur Paris.
	92 sols......id..........	*97 marchetis de Venise.	
	124 marchetis...........	1 ducat de Venise.	
	*60 ¼ ducats b°. de Venise...	300 francs de France.	
	1 franc.................	100 centimes.	
	combien.....	1 piastre de Gênes.	
par Vienne.	1 piastre de Gênes....fait	115 sols de Gênes.	Multipliez le change de Paris sur Vienne par 115, et divisez par le change de Gênes sur Vienne.
	*62 ¾ sols.....id.........	1 florin de Vienne.	
	1 florin de Vienne.......	*257 centimes.	
	combien.....	1 piastre de Gênes.	

J'ai donné pour nombre fixe, par l'Espagne, $20.\frac{708}{1875}$; mais afin d'éviter la longueur du calcul du nombre fractionnaire $\frac{708}{1875}$, on pourra se servir de $\frac{9}{57}$.

N°. 11. GÊNES.		Changes de Gênes.	Changes de Paris.	Parités en centimes, pour 1 piastre de Gênes.
PARIS	reçoit 1 pias. de 115 s. h. b. pour	475 centimes.		
AMSTERDAM	..id.. 1 dite....id	88 ¼ den. de gros d'Holl.	56 den. de gr. d'Holl.	474.
AUGSBOURG	donne 1 florin courant	61 ¼ sols de Gênes	116 ¼ flor. c⁴. d'Augsb.	482.
ESPAGNE	reçoit 1 écu d'or	648 maravédis	f. 14.50 centimes	* 464.
GENÈVE	..id.. 100 piast. de 115 s. h. b.	94 ¼ écus de Genève	f. 167	475.
HAMBOURG	donne 1 marc banco	45 ¼ sols de Gênes	f. 189	480.
LISBONNE	reçoit 1 piastre de 115 s. h. b.	742 rés	464 rés	480.
LIVOURNE	donne 1 piastre de 8 réaux	123 ½ sols de Gênes	514 centimes	478.
LONDRES	reçoit 1 piastre de 115 s. h. b.	49 deniers sterling	23 ¼ francs de France.	475.
MILAN	..id.. 1 écu de 4 liv. banco	101 sols cour. de Milan.	55 sols imp. de Milan.	* 486.
ROME	donne 1 écu monnaie	124 sols de Gênes	518 centimes	480.
TURIN	reçoit 13 liv. 10 sols hors b°.	L 9.7 sols de Turin	50 ½ sols de Turin	473.
VENISE	..id.. 1 écu de L 4 banco	97 marchétis de Venise.	60¼ duc. b°. de Venise.	483.
VIENNE	donne 1 florin	62 ¼ sols de Gênes	257 centimes	471.

Paris donnant l'incertain à Gênes, bon à remettre à 464, bon à tirer à 486.

Monnaies de change de Gênes.

LA piastre vaut 5 livres banco, ou 5 livres 15 sols hors de banque.

L'écu, 4 livres banco, ou 4 livres 12 sols hors de banque.

L'écu ou croisat d'argent, 7 livres 12 sols banco, ou 9 livres 14 sols 9 deniers ⅔ hors de banque.

La livre hors de banque, 20 sols hors de banque.

Le sol hors de banque, 12 deniers hors de banque.

L'écu d'or, 10 livres 13 sols 11 deniers $\frac{133}{211}$ hors de banque; mais on emploie ordinairement l'écu d'or pour 10 livres 14 sols hors de banque.

Gênes change en piastres, écus de 4 livres banco, en livres et sols hors de banque, et en écus d'or.

	Règles conjointes.	Règles réduites à trois nombres.
par Amsterdam.	3 liv. cour. de Genève.font * 92 ½ den. de gros d'Holl. * 56 ½ deniers de gros........ 3 francs de France. combien..... 100 livres cour. de Genève.	Multipliez le change d'Amsterdam sur Genève par 100, et divisez par le change d'Amsterdam sur Paris.
par Augsbourg.	3 liv. cour. de Genève.font 1 écu de Genève. 100 écus courans, *id*....... * 129 ½ rixd. cour. d'Augsb. 1 rixd. cour. d'Augsbourg.. 1 ½ florin courant, *id*. *117 ½ florins .....*id*....... 300 francs de France. combien..... 100 livres cour. de Genève.	Multipliez le change d'Augsbourg sur Genève par 150, et divisez par le change d'Augsbourg sur Paris.
par l'Espagne.	1 liv. cour. de Genève..fait 20 sols courans de Genève. *45 sols courans, *id*........ 1 piastre d'Espagne. 4 piastres d'Espagne...... 1 pistole, *id*. 1 pistole, *id*........... * 14 ½ francs de France. combien..... 100 livres cour. de Genève.	Multipliez le change de Paris sur l'Espagne par 5, après l'avoir réduit en cent., et divisez par le change de Genève sur l'Espagne.
par Francfort.	3 liv. cour. de Genève.font 1 écu de Genève. 100 écus......*id*......... * 129 ½ rixd. de Francfort. * 77 ½ rixdales de Francfort.. 300 francs de France. combien..... 100 livres cour. de Genève.	Multipliez le change de Francfort sur Genève par 100, et divisez par le change de Francfort sur Paris.
par Gênes.	3 liv. cour. de Genève.font 1 écu courant de Genève. *96 ⅞ écus courans, *id*...... 100 piastres de Gênes. 1 piastre de Gênes....... * 478 centimes. 100 centimes............ 1 franc de France. combien..... 100 livres cour. de Genève.	Multipliez le change de Paris sur Gênes par 33 ⅓, et divisez par le change de Genève sur Gênes.
par Livourne.	3 liv. cour. de Genève.font 1 écu de Genève. *101 ½ écus de Genève....... 100 piastres de Livourne. 1 piastre de Livourne.... * 510 centimes. 100 centimes............ 1 franc de France. combien..... 100 livres cour. de Genève.	Multipliez le change de Paris sur Livourne par 33 ⅓, et divisez par le change de Genève sur Livourne.
par Londres.	3 liv. cour. de Genève..font * 52 deniers sterling. 240 deniers sterling........ 1 livre sterling. 1 livre sterling.......... * 22 fr. 75 centimes. combien..... 100 livres cour. de Genève.	Multipliez le change de Londres sur Genève par celui de Paris sur Londres, après l'avoir réduit en centimes, et divisez par 720.
par Milan.	3 liv. cour. de Genève.font 1 écu courant de Genève. * 99 ½ écus de Genève....... 640 livres cour. de Milan. 1 livre courante de Milan.. 20 sols courans, *id*. 150 sols courans ....*id*..... 106 sols impériaux, *id*. * 55 sols impériaux..*id*..... 3 francs de France. combien..... 100 livres cour. de Genève.	Divisez 904533 ⅓ par le change de Milan sur Paris, et divisez le produit par le change de Genève sur Milan.
par Turin.	3 liv. cour. de Genève.font 1 écu courant de Genève. 1 écu courant de Genève... * 83 sols de Turin. *50 ½ sols de Turin......... 3 francs de France. combien..... 100 livres cour. de Genève.	Multipliez le change de Turin sur Genève par 100, et divisez par le change de Turin sur Paris.
par Venise.	3 liv. cour. de Genève.font 1 écu courant de Genève. * 99 écus de Genève........ 100 ducats b°. de Venise. * 60 ½ ducats banco.......... 300 francs de France. combien..... 100 livres cour. de Genève.	Divisez 1000000 par le change de Genève sur Venise, et ensuite le produit par le change de Venise sur Paris.
par Vienne.	3 liv. cour. de Genève.font 1 écu courant de Genève. 100 écus courans de Genève.. * 129 ½ rixdales de Vienne. 1 rixdale de Vienne...... 1 ½ florin, *id*. 1 florin.....*id*.......... * 255 centimes. 100 centimes............ 1 franc de France. combien..... 100 livres cour. de Genève.	Multipliez le change de Vienne sur Genève par celui de Paris sur Vienne, et divisez par 200.

N°. 12. GENÈVE.

		Changes de Genève.	Changes de Paris.	Parités en francs de France, pour 100 liv. courantes de Genève.
Paris.........	reçoit 100 livres cour... pour	f. 167 de France.		
Amsterdam...	..*id*.. 1 écu courant.....	92 ½ den. de gr. d'Holl..	56 ½ den. de gr. d'Holl.	*f.163.72c.
Augsbourg....	..*id*.. 100 écus courans.....	129 ½ rixd. c^es. d'Augsb.	117 ¼ flor. c^s. d'Augsb.	165.32
Espagne......	donne 1 piastre de 8 réaux.	45 sols cour. de Genève.	14 ¼ francs de France.	163.89
Francfort....	reçoit 100 écus courans.....	129½ rixd. de Francfort.	77 ½ rixd. de Francf..	167.09
Gênes........	donne 100 piast. de 115 s. h. b.	96⅞ écus c^s. de Genève..	478 centimes.........	164.47
Livourne.....	..*id*.. 100 piast. de 8 réaux.	101 ½ ......*id*........	510 centimes.........	*167.49
Londres......	reçoit 1 écu courant....,	52 deniers sterling	f. 22.75 c. de France.	164.31
Milan........	donne 640 livres courantes..	99 ½ écus de Genève...	55 sols imp. de Milan.	165.29
Turin........	reçoit 1 écu courant.....	83 sols de Turin.......	50 ½ sols de Turin ...	164.36
Venise.......	donne 100 ducats banco....	99 écus de Genève.....	60 ½ duc. b^a. de Venise.	166.96
Vienne......	reçoit 100 écus courans.....	129 ½ rixdal. de Vienne.	255 centimes.........	165.11

Paris donnant l'incertain à Genève, bon à remettre à fr. 163.72 c.,
bon à tirer à 167.49.

Monnaies de change de Genève.

L'écu patagon ou courant vaut 3 livres courantes, ou 60 sols courans.
La livre courante, 20 sols courans.
Le sol courant, 12 deniers courans.
Genève change en écus et livres courantes.

Genève.
Hambourg.
Leipsick.
Lisbonne.
Livourne.
Londres.
Milan.
Naples.
Palerme.
Pétersbourg.
Rome.
Stockolm.
Turin.
Venise.
Vienne.

	Règles conjointes.	*Règles réduites à trois nombres.*
par Amsterdam, banco.	2 mares b°. d'Hamb...font — 1 déalder banco d'Hamb. 1 déalder.............. — * 36 ½ stuivers d'Hollande. 1 stuiver.............. — 2 deniers de gros, *id.* * 56 5/4 deniers de gros...... — 3 francs de France. combien..... — 100 mares banco d'Hamb.	Multipliez le change d'Amsterdam sur Hambourg par 500, et divisez par le change d'Amsterdam sur Paris.
par Amsterdam, courant.	120 mares b°. d'Hamb..font. — * 106 ⅗ flor. cour. d'Hollande. 1 flor. courant d'Hollande. — 40 den. de gros, *id.* * 56 ½ deniers de gros .... — 5 francs de France. combien..... — 100 mares banco d'Hamb.	Multipliez le change d'Amsterdam sur Hambourg par 100, et divisez par le change d'Amsterdam sur Paris.
par Basle.	1 marc b°. d'Hambourg fait — 16 sols lubs d'Hambourg. * 24 ¼ sols lubs d'Hambourg.. — 5 fr. de France à Basle. 100 francs de France à Basle. — * 99 .....id....à Paris. combien..... — 100 mares b°. d'Hambourg.	Multipliez le change de Paris sur Basle par 48, et divisez par le change d'Hambourg sur Basle.
par Breslau.	1 marc b°. d'Hambourg fait — 16 sols lubs d'Hambourg. * 41 ½ sols lubs.............. — 1 livre banco de Prusse. 100 livres banco de Prusse... — 125 rixd. en frédéricks d'or. * 77 rixd. en frédéricks d'or.. — 300 francs de France. combien..... — 100 mares b°. d'Hambourg.	Divisez 600000 par le change de Hambourg sur Breslau, et divisez le produit par le change de Breslau sur Paris.
par l'Espagne.	1 marc b°. d'Hambourg fait — 32 den. de gros d'Hamb. * 85 ¼ deniers de gros........ — 1 ducat d'Espagne. 1 ducat d'Espagne....... — 375 maravédis, *id.* 1088 maravédis.......... — 1 pistole de change, *id.* 1 pistole........... — * 14 francs 75 centimes. [combien..... — 100 mares b°. d'Hambourg.	Multipliez le change de Paris sur l'Espagne par 11 5/9, après l'avoir réduit en centimes, et divisez par le change de Hambourg sur l'Espagne.
par Gênes.	1 marc b°. d'Hambourg fait — 32 den. de gros d'Hamb. * 78 ⅔ den. de gros.......... — 1 piastre de Gênes. 1 piastre.............. — * 475 centimes. 100 centimes. — 1 franc de France. combien..... — 100 mares banco d'Hamb.	Multipliez le change de Paris sur Gênes par 32, et divisez par le change de Hambourg sur Gênes.
par Lisbonne.	1 marc b°. d'Hambourg, fait — 32 den. de gros d'Hamb. * 42 ½ deniers de gros........ — 400 rés. * 486 rés................. — 3 francs de France. combien..... — 100 mares banco d'Hamb.	Divisez 384000 par le change de Hambourg sur Lisbonne, et divisez le produit par le change de Lisbonne sur Paris.
par Livourne.	1 marc b°. d'Hambourg fait — 32 den. de gros d'Hamb. * 86 deniers de gros........ — 1 piastre de Livourne. 1 piastre............... — * 509 centimes. 100 centimes............. — 1 franc de France. combien..... — 100 mares banco d'Hamb.	Multipliez le change de Paris sur Livourne par 32, et divisez par le change de Hambourg sur Livourne.
par Londres.	1 marc b°. d'Hambourg fait — 32 den. banco d'Hamb. 12 deniers banco......... — 1 sol de gros, *id.* * 31 ½ sols de gros.......... — 1 livre sterling. 1 livre sterling........... — 22 ¼ francs de France. combien..... — 100 mares banco d'Hamb.	Réduisez le change de Paris sur Londres en centimes, multipliez-le par 32, réduisez le change de Hambourg sur Londres en deniers de gros, et le produit sera le diviseur.
par Venise.	1 marc b°. d'Hambourg fait — 32 den. de gros d'Hamb. * 83 ½ deniers de gros........ — 1 ducat banco de Venise. * 60 ½ ducats banco.......... — 300 francs de France. combien..... — 100 mares banco d'Hamb.	Divisez 960000 par le change de Venise sur Paris, et divisez le produit par le change de Hambourg sur Venise.
par Vienne.	3 mares b°. d'Hambourg font — 1 rixd. b°. d'Hambourg. 100 rixdales banco........ — * 148 ½ rixdales de Vienne. 1 rixdale de Vienne...... — 1 ½ florin, *id.* 1 florin.....id.......... — * 259 centimes. combien..... — 100 mares banco d'Hamb.	Multipliez le change de Vienne sur Hambourg par le change de Paris sur Vienne, et divisez par 200.

N°. 13.   HAMBOURG.

	Changes d'Hambourg.	Changes de Paris.	Parités en francs de France, pour 100 marcs banco d'Hambourg.
PARIS.........	donne 3 francs........pour 24 ½ sols lubs d'Hamb..	....	£.*195.91c.
AMSTERDAM, b°.	reçoit 1 déalder de 2 marcs b°. 36 ½ stuivers d'Hollande.	56 ¼ den. de gr. d'Holl.	192.95
Idem, courant..	..*id.* 120 marcs banco..... 106 ¼ flor. courans, *id*..	56 ⅛ den. de gr. d'Holl.	190.20
BASLE.........	donne 3 francs de France... 24 ¼ sols lubs d'Hamb..	£ 99 de France......	*193.96
BRESLAU......	..*id*.. 1 livre banco de Prusse. 41 ¼ ......*id*........	77 rixd. de Breslau...	188.90
ESPAGNE......	..*id*.. 1 ducat de 375 marav. 85 ¼ den. de gr. d'Hamb.	£. 14 ¼ de France....	190.82
GÊNES........	..*id*.. 1 piast. de 115 s. hors b. 78 ½ ......*id*........	473 centimes........	192.20
LISBONNE.....	..*id*.. 1 creusade de 400 rés.. 42 ½ ......*id*........	486 rés............	*185.91
LIVOURNE.....	..*id*.. 1 piastre de 8 réaux... 86 ....*id*........	509 centimes......	189.40
LONDRES......	..*id*.. 1 livre sterling ...... 31 ½ sols de gr. d'Hamb.	f. 22 ¼ de France....	192.59
VENISE........	..*id*.. 1 ducat banco..... 83 ¼ den. de gros, *id*..	60 ¼ duc. b°. de Venise.	190.25
VIENNE.......	reçoit 100 rixdales banco... 148 ½ rixd. de Vienne..	259 centimes........	192.31

Paris donnant l'incertain à Hambourg, bon à remettre à 185.91, bon à tirer à 193.96, ou à se faire remettre à 195 91.

Monnaies de change d'Hambourg.

LA rixdale vaut 1 ½ déalder, ou 3 marcs lubs, ou 48 sols lubs, ou 96 deniers de gros.

Le déalder, 2 marcs lubs, ou 32 sols lubs, ou 64 deniers de gros.

Le marc lubs, 16 sols lubs, ou 32 deniers de gros.

La livre de gros, 7 ½ marcs lubs, ou 120 sols lubs, ou 20 sols de gros, ou 240 deniers de gros.

Le sol de gros, 6 sols lubs, ou 12 deniers de gros.

Le denier de gros, ½ sol lubs.

Hambourg change en rixdales, déalders, marcs lubs, sols de gros et deniers de gros banco.

Hambourg.

Leipsick.

Lisbonne.

Livourne.

Londres.

Milan.

Naples.

Palerme.

Pétersbourg.

Rome.

Stockolm.

Turin.

Venise.

Vienne.

	Règles conjointes.	_Règles réduites à trois nombres._
par Amsterdam.	5 francs de France... font * 55 ¼ den. de gr. d'Hollande. 40 deniers de gros .... 1 florin...... _id._ 2 ½ florins............... 1 rixdale..... _id._ 100 rixdales.............. * 140 rixdales de Leipsick. combien..... 300 francs de France.	Multipliez le change d'Amsterdam sur Paris par celui de Leipsick sur Amsterdam, et divisez par 100.
par Hambourg.	* 194 ½ francs de France...font 100 marcs b°. d'Hambourg. 5 marcs banco........... 1 rixdale banco, _id._ 100 rixdales banco......... * 152 ½ rixdales de Leipsick. combien..... 300 francs de France	Multipliez le change de Leipsick sur Hambourg par 10000, et divisez par le change de Paris sur Hambourg, après l'avoir réduit en centimes.
par Londres.	* 25 ¾ francs de France.. font 1 livre sterling. 1 livre sterling.......... * 7 rixdales de Leipsick. combien..... 300 francs de France.	Réduisez le change de Leipsick sur Londres en gros, multipliez le produit par 1250, et divisez par le change de Paris sur Londres, après l'avoir réduit en centimes.

N°. 14.   LEIPSICK.

	Changes de Leipsick.	Changes de Paris.	Parités en rixdales de Leipsick, pour 300 fr. de France.
PARIS......... donne 300 francs...... pour	76 $\frac{1}{2}$ rixd. de Leipsick..		
AMSTERDAM... ..*id.*. 100 rixdales banco...	140 ......*id*.......	55 $\frac{1}{4}$ den. de gr. d'Holl.	* 77 $\frac{7}{16}$
HAMBOURG.... ..*id*.. 100 .....*id*........	152 $\frac{1}{2}$ ......*id*........	f. 194 $\frac{1}{2}$ de France....	78 $\frac{7}{16}$
LONDRES...... ..*id*.. 1 livre sterling....	7 ....*id*........	f. 25 $\frac{1}{4}$ ....*id*......	* 81 $\frac{9}{16}$

Paris donnant le certain à Leipsick, bon à remettre à 81 $\frac{9}{16}$, bon à tirer à 77 $\frac{7}{16}$.

Monnaies de change de Leipsick.

LA rixdale vaut 1 $\frac{1}{2}$ florin d'Empire, ou 24 gros.
Le florin d'Empire, 16 gros.
Le gros, 12 deniers.

Leipsick.
Lisbonne.
Livourne.
Londres.
Milan.
Naples.
Palerme.
Pétersbourg.
Rome.
Stockolm.
Turin.
Venise.
Vienne.

	Règles conjointes.	Règles réduites à trois nombres.
par Amsterdam.	3 francs de France....font * 56 ½ den. de gros d'Holl. * 47 ½ deniers de gros........ 400 rés. combien..... 3 francs de France.	Multipliez le change d'Amsterdam sur Paris par 400, et divisez par le change d'Amsterdam sur Lisbonne.
par l'Espagne.	* 15 ¼ francs de France.. font 1 pistole d'Espagne. 1 pistole.......... .... * 2400 rés. combien..... 3 francs de France.	Multipliez le change de Lisbonne sur l'Espagne par 300, et divisez par le change de Paris sur l'Espagne, après l'avoir réduit en centimes.
par Gênes.	1 franc de France.....fait 100 centimes. * 470 centimes............. 1 piastre de Gênes. 1 piastre de Gênes .... * 748 rés. combien.... 3 francs de France.	Multipliez le change de Lisbonne sur Gênes par 300, et divisez par le change de Paris sur Gênes.
par Hambourg.	* 189 francs de France....font 100 marcs b°.d'Hambourg. 1 marc banco .... 52 deniers de gros, id. * 41 ¼ deniers de gros........ 400 rés. combien..... 3 francs de France.	Divisez 384000000 par le change de Paris sur Hambourg, après l'avoir réduit en centimes, et divisez le produit par le change d'Hambourg sur Lisbonne.
par Livourne.	1 franc de France.....fait 100 centimes. * 514 centimes............. 1 piastre de Livourne. 1 piastre de Livourne..... * 818 rés. combien..... 3 francs de France.	Multipliez le change de Lisbonne sur Livourne par 300, et divisez par le change de Paris sur Livourne, après l'avoir réduit en centimes.
par Londres.	* 23 ¼ francs de France.. font 1 livre sterling. 1 livre sterling.......... 240 deniers, id. * 64 deniers sterling........ 1000 rés. combien..... 3 francs de France.	Divisez 72000000 par le change de Paris sur Londres, après l'avoir réduit en centimes, et divisez le produit par le change de Londres sur Lisbonne.

Nº. 15.   LISBONNE.

	Changes de Lisbonne.	Changes de Paris.	Parités en rés, pour 3 francs de France.
PARIS......... donne 3 francs........pour	478 rés.		
AMSTERDAM... reçoit 1 creusade de 400 rés.	47 $\frac{1}{2}$ den. de gros d'Holl.	56 $\frac{1}{4}$ den. de gr. d'Holl.	474.
ESPAGNE...... donne 1 pistole de 32 réaux.	2400 rés...............	15 $\frac{1}{4}$ francs de France.	* 472.
GÊNES......... ..id.. 1 piastre de 115 sols h.b.	748 rés...............	470 centimes........	477.
HAMBOURG.... reçoit 1 creusade de 400 rés.	41 $\frac{1}{4}$ den. de gr. d'Hamb.	189 francs de France.	* 487.
LIVOURNE..... donne 1 piastre de 8 réaux..	818 rés...............	514 centimes........	478.
LONDRES...... reçoit 1000 rés...........	64 deniers sterling...	23 $\frac{1}{4}$ francs de France.	484.

Paris donnant le certain à Lisbonne , bon à remettre à 487 , bon à tirer à 472.

Monnaies de change de Lisbonne.

LA creusade vaut 400 rés.

Lisbonne change en creusades et en rés.

Lisbonne.

Livourne.

Londres.

Milan.

Naples.

Palerme.

Pétersbourg.

Rome.

Stockolm.

Turin.

Venise.

Vienne.

	Règles conjointes.	*Règles réduites à trois nombres.*
par Amsterdam	1 piastre de Livourne..fait * 95 $\frac{5}{8}$ den. de gros d'Holl. * 56 $\frac{1}{2}$ deniers de gros....... 3 francs de France. 1 franc de France........ 100 centimes. combien..... 1 piastre de Livourne.	Multipliez le change d'Amsterdam sur Livourne par 300, et divisez par le change d'Amsterdam sur Paris.
par Augsbourg	100 piastres de Livourne.font * 200 flor. courans d'Augsb. 1 flor. cour. d'Augsbourg. * 255 centimes. combien..... 1 piastre de Livourne.	Multipliez le change d'Augsbourg sur Livourne par celui de Paris sur Livourne, et divisez par 100.
par l'Espagne.	100 piastres de Livourne.font * 134 $\frac{1}{8}$ piastres d'Espagne. 4 piastres d'Espagne..... 1 pistole, *id* 1 pistole............ * 15 francs de France. 1 franc de France........ 100 centimes. combien..... 1 piastre de Livourne.	Réduisez le change de Paris sur l'Espagne en centimes, multipliez le produit par le change de l'Espagne sur Livourne, et divisez par 400.
par Genes.	1 piastre de Livourne..fait * 122 sols de Gênes. 115 sols de Genes.......... 1 piastre, *id.* 1 piastre de Gênes....... * 475 centimes. combien..... 1 piastre de Livourne.	Multipliez le change de Paris sur Gênes par celui de Gênes sur Livourne, et divisez par 115.
par Genève.	100 piastres de Livourne.font * 101 $\frac{1}{2}$ écus de Genève. 1 écu de Genève......... 3 livres, *id.* 100 livres cour. de Genève.. * 167 francs de France. 1 franc de France........ 100 centimes. combien..... 1 piastre de Livourne.	Réduisez le change de Paris sur Genève en centimes, multipliez le produit par le change de Genève sur Livourne, et divisez par 5333 $\frac{1}{3}$.
par Hambourg.	1 piastre de Livourne..fait * 86 den. de gros d'Hamb. 32 deniers de gros........ 1 marc banco, *id.* 100 marcs banco.......... * 188 $\frac{1}{2}$ francs de France. 1 franc de France........ 100 centimes. combien..... 1 piastre de Livourne.	Réduisez le change de Paris sur Hambourg en centimes, multipliez le produit par le change de Hambourg sur Livourne, et divisez par 3200.
par Lisbonne.	1 piastre de Livourne..fait * 804 rés. * 480 rés.............. 3 francs de France. 1 franc de France........ 100 centimes. combien..... 1 piastre de Livourne.	Multipliez le change de Lisbonne sur Livourne par 300, et divisez par le change de Lisbonne sur Paris.
par Londres.	1 piastre de Livourne..fait * 52 $\frac{1}{2}$ deniers sterling. 2 deniers sterling........ 1 livre sterling. 1 livre sterling.......... * 25 francs de France. 1 franc de France........ 100 centimes combien..... 1 piastre de Livourne.	Multipliez le change de Londres sur Livourne par celui de Paris sur Londres, après l'avoir réduit en centimes, et divisez par 240.
par Milan.	1 piastre de Livourne..fait * 127 $\frac{1}{2}$ sols courans de Milan. 150 sols courans de Milan.... 106 sols impériaux, *id.* * 53 sols impériaux, *id*..... 3 francs de France. 1 franc de France........ 100 centimes. combien..... 1 piastre de Livourne.	Multipliez le change de Milan sur Livourne par 212, et divisez par le change de Milan sur Paris.
par Rome.	1 piastre de Livourne..fait * 130 pièc. de $\frac{3}{4}$ bayocs de Rome 1 pièce de $\frac{3}{4}$ bayocs....... $\frac{3}{4}$ bayocs..........*id.* 100 bayocs............... 1 écu de 10 Jules..*id*... 1 écu de 10 Jules........ * 513 centimes. combien..... 1 piastre de Livourne.	Multipliez le change de Paris sur Rome par celui de Rome sur Livourne, et divisez par 133 $\frac{1}{3}$.
par Turin.	1 piastre de Livourne..fait * 82 $\frac{1}{2}$ sols de Turin. * 49 sols de Turin.......... 3 francs de france. 1 franc de France. 100 centimes. combien..... 1 piastre de Livourne.	Multipliez le change de Turin sur Livourne par 300, et divisez par le change de Turin sur Paris.
par Venise.	100 piastres de Livourne font * 102 $\frac{1}{2}$ ducats b°. de Venise. * 61 ducats banco de Venise. 300 francs de France. 1 franc de France. 100 centimes. combien..... 1 piastre de Livourne.	Multipliez le change de Venise sur Livourne par 300, et divisez par le change de Venise sur Paris.
par Vienne.	1 piastre de Livourne..fait 115 sols de Livourne. * 56 sols de Livourne....... 1 florin de Vienne. 1 florin de Vienne....... * 251 centimes. combien..... 1 piastre de Livourne.	Multipliez le change de Paris sur Vienne par 115, et divisez par le change de Livourne sur Vienne.

N°. 16. LIVOURNE.

	Changes de Livourne.	Changes de Paris.	Parités en centimes, pour 1 piastre de Livourne.
PARIS.........	reçoit 1 piast. de 8 réaux pour 515 centimes.		
AMSTERDAM...	..*id*.. 1 ......*id*.......... 95 ¼ den. de gros d'Holl.	56 ½ den. de gr. d'Holl.	508.
AUGSBOURG ...	..*id*.. 100 ....*id*.......... 200 flor. cour. d'Augsb.	255 centimes.......	510.
ESPAGNE.......	..*id*.. 100 ....*id*........ 134 ½ piastres d'Espagne.	15 francs de France..	504.
GÊNES.........	..*id*.. 1 ......*id*.......... 122 sols de Gênes......	475 centimes.......	504.
GENÈVE.......	..*id*.. 100 ....*id*.......... 101 ½ écus de Genève...	167 francs de France..	508.
HAMBOURG....	..*id*.. 1 ......*id*.......... 86 den. de gros d'Hamb.	188 ¼ ....*id*........	507.
LISBONNE......	..*id*.. 1 ......*id*.......... 804 rés.............	480 rés.............	503.
LONDRES......	..*id*.. 1 ......*id*.......... 52 ½ deniers sterling...	23 francs de France..	503.
MILAN.........	..*id*.. 1 ......*id*.......... 127 ½ sols cour. de Milan.	53 sols imp. de Milan.	510.
ROME.........	*id*. 1 *id*. p^r. pièces de ¼ bayocs. 130 p^s.de ¼ bayocs de Rome	513 centimes........	* 500.
TURIN.........	..*id*.. 1 piastre de 8 réaux.. 82 ¼ sols de Turin.....	49 sols de Turin.....	506.
VENISE........	..*id*.. 100 ....*id*.......... 102 ½ duc. b°. de Venise.	61 duc. b°. de Venise.	504.
VIENNE.......	donne 1 florin............ 56 sols de Livourne....	251 centimes........	* 515.

Paris donnant l'incertain à Livourne, bon à remettre à 500, bon à tirer à 515.

Monnaies de change de Livourne.

LA piastre de 8 réaux vaut 5 livres 15 sols bonne monnaie.

La livre bonne monnaie, 20 sols bonne monnaie.

Le sol bonne monnaie, 12 deniers bonne monnaie.

Livourne change en piastres de 8 réaux et en sols bonne monnaie, dont 115 sols font une piastre.

On tient les écritures en piastres, sols et deniers. La piastre vaut 20 sols, et le sol 12 deniers.

Livourne.
Londres.
Milan.
Naples.
Palerme.
Pétersbourg.
Rome.
Stockolm.
Turin.
Venise.
Vienne.

	Règles conjointes.	*Règles réduites à trois nombres.*
par Amsterdam, banco.	1 livre sterling ......fait * $54\frac{1}{2}$ sols de gr. d'Hollande. 1 sol de gros...... 12 deniers de gros, *id.* * $54\frac{1}{4}$ deniers de gros...... 3 francs de France. combien..... 1 livre sterling.	Multipliez le change d'Amsterdam sur Londres par 36, et divisez par le change d'Amsterdam sur Paris.
par Amsterdam, courans.	1 livre sterling...... fait * 10 flor. 10 s. cour. d'Holl. 1 florin courant d'Hollande 20 stuivers,...... *id.* 1 stuiver...... 2 deniers de gros, *id.* * $56\frac{1}{2}$ deniers de gros d'Holl.. 5 francs de France. combien..... 1 livre sterling.	Réduisez le change d'Amsterdam sur Londres en sols, multipliez le produit par 6, et divisez par le change d'Amsterdam sur Paris.
par l'Espagne.	1 livre sterling...... fait 240 deniers sterling. * $38\frac{1}{3}$ deniers sterling...... 1 piastre d'Espagne. 4 piastres d'Espagne...:.. 1 pistole, *id.* 1 pistole...... * 15 francs de France. combien..... 1 livre sterling.	Réduisez le change de Paris sur l'Espagne en centimes, multipliez le produit par 60, divisez par le change de Londres sur l'Espagne, et coupez les deux derniers chiffres du produit.
par Francfort.	1 livre sterling...... fait * 138 batz de Francfort. $22\frac{1}{2}$ batz de Francfort...... 1 rixdale, *id.* * $77\frac{3}{4}$ rixdales, *id.*........ 300 francs de France. combien..... 1 livre sterling.	Multipliez le change de Francfort sur Londres par $13\frac{1}{3}$, et divisez par le change de Francfort sur Paris.
par Gênes.	1 livre sterling......fait 240 deniers sterling. * $48\frac{1}{2}$ deniers sterling...... 1 piastre de Gênes. 1 piastre de Gênes...... * 480 centimes. 100 centimes...... 1 franc de France. combien..... 1 livre sterling	Multipliez le change de Paris sur Gênes par $2\frac{1}{5}$, et divisez par le change de Londres sur Gênes.
par Genève.	1 livre sterling...... fait 240 deniers sterling. * 54 deniers sterling...... 3 livres cour. de Genève. 100 livres cour. de Genève... * 167 francs de France. combien..... 1 livre sterling.	Réduisez le change de Paris sur Genève en cent., multipliez le produit par $7\frac{1}{5}$, et divisez par le change de Londres sur Genève, et coupez les deux derniers chiffres du produit.
par Hambourg.	1 livre sterling......fait * $31\frac{1}{2}$ sols de gros d'Hamb. 1 sol de gros...... 12 deniers de gros, *id.* 32 deniers de gros...... 1 marc banco, *id.* 100 marcs banco...... * 188 francs de France. combien...... 1 livre sterling.	Réduisez le change d'Hambourg sur Londres en deniers de gros, multipliez le produit par le change de Paris sur Hambourg, après l'avoir réduit en centimes, divisez par 3200, et coupez les deux derniers chiffres du produit.
par Lisbonne.	1 livre sterling........fait 240 deniers sterling. * 61 deniers sterling........ 1000 rés. * 474 rés...... 3 francs de France. combien..... 1 livre sterling.	Divisez 720000 par le change de Lisbonne sur Paris, et divisez le produit par le change de Londres sur Lisbonne.
par Livourne.	1 livre sterling...... fait 240 deniers sterling. * $51\frac{1}{2}$ deniers sterling...... 1 piastre de Livourne. 1 piastre...... * 511 centimes. 100 centimes...... 1 franc de France. combien..... 1 livre sterling.	Multipliez le change de Paris sur Livourne par $2\frac{1}{4}$, et divisez par le change de Londres sur Livourne.
par Turin.	1 livre sterling...... fait * L 18.15 sols de Turin. 1 livre de Turin...... 20 sols..... *id.* * 50 sols ...*id*...... 5 francs de France. combien..... 1 livre sterling.	Réduisez le change de Turin sur Londres en sols, multipliez-le par 3, et divisez par le change de Turin sur Paris.
par Venise.	1 livre sterling........fait 240 deniers sterling. * $50\frac{1}{2}$ deniers sterling...... 1 ducat banco de Venise. 60 ducats banco...... 300 francs de France. combien..... 1 livre sterling.	Divisez 72000 par le change de Londres sur Venise, et divisez le produit par le change de Venise sur Paris.
par Vienne.	1 livre sterling...... fait * 9 florins de Vienne. 1 florin de Vienne...... * 253 centimes. 100 centimes...... 1 franc de France. combien..... 1 livre sterling.	Réduisez le change de Vienne sur Londres en creutzers, multipliez le produit par le change de Paris sur Vienne, et divisez par 6000.

N°. 17. LONDRES.

		Changes de Londres.	Changes de Paris.	Parités en francs de France, pour 1 livre sterling.
PARIS.........	donne 3 francs........pour	30 ½ deniers sterling....	....	23.60.
AMSTERDAM b°.	reçoit 1 livre sterling......	34 ¼ sols de gros d'Holl..	54 ¼ den. de gr. d'Holl.	23.06.
..id.. courant..	..id.. 1 .....id..........	10 flor. 10 sols cour. id..	56 ½ .....id........	22.29.
ESPAGNE.......	donne 1 piastre de 8 réaux..	38 ⅞ deniers sterling ...	15 francs de France..	23.15.
FRANCFORT....	reçoit 1 livre sterling......	138 batz de Francfort..	77 ¼ rixd. de Francfort.	23.67.
GÊNES	donne 1 piast. de 115 sols h. b.	48 ½ deniers sterling ...	480 centimes........	23.75.
GENÈVE.......	..id.. 1 écu courant.......	54 .....id..........	167 francs de France.	22.27.
HAMBOURG....	reçoit 1 livre sterling.....,	31 ¼ sols de gros d'Hamb.	188 dits...........	*22.03.
LISBONNE.....	donne 1000 rés...........	61 deniers sterling.....	474 rés............	*24.90.
LIVOURNE.....	..id.. 1 piastre de 8 réaux..	51 ½ .....id..........	511 centimes........	23.83.
TURIN........	reçoit 1 livre sterling.....	L 18. 15 sols de Turin..	50 sols de Turin.....	22.50.
VENISE.......	donne 1 ducat banco.......	50 ½ deniers sterling....	60 duc. b°. de Venise.	23.77.
VIENNE.......	reçoit 1 livre sterling.....	9 florins de Vienne...	253 centimes........	22.77.

Paris donnant l'incertain à Londres, bon à remettre à fr. 22.03, bon à tirer à fr. 24.90.

Monnaies de change de Londres.

La livre sterling vaut 20 sols, ou 240 deniers sterling.
Le sol, 12 deniers sterling.
La guinée, 21 sols sterling.
Londres change en livres et en deniers sterling.

Londres.

Milan.

Naples.
Palerme.

Pétersbourg.

Rome.

Stockolm.

Turin.
Venise.

Vienne.

	Règles conjointes.	Règles réduites à trois nombres.
par Amsterdam.	5 francs de France...font * $56\frac{1}{2}$ den. de gros d'Holl. 40 deniers de gros........ 1 florin......id. 1 florin............... * $55\frac{1}{2}$ sols courans de Milan. 150 sols courans.......... 106 sols impériaux, id. combien..... 5 francs de France.	Multipliez le change d'Amsterdam sur Paris par celui de Milan sur Amsterdam, et divisez par $56\frac{32}{63}$.
par Augsbourg.	300 francs de France....font * $117\frac{1}{2}$ florins cour. d'Augsb. 1 florin............... * $66\frac{1}{2}$ sols courans de Milan. 150 sols courans.......... 106 sols impériaux, id. combien..... 5 francs de France.	Multipliez le change d'Augsbourg sur Paris par celui de Milan sur Augsbourg, et divisez par $141\frac{47}{53}$.
par Gênes.	1 franc de France.....fait 100 centimes. * 473 centimes .... 1 piastre de Gênes. 1 piastre de Gênes........ $5\frac{1}{4}$ livres, id. 4 liv. hors banque, id.... * 86 sols courans de Milan. 150 sols courans.......... 106 sols impériaux, id. combien..... 5 francs de France.	Multipliez le change de Milan sur Gênes par $304\frac{3}{4}$, et divisez par le change de Paris sur Gênes.
par Genève.	* 167 francs de France....font 100 livres cour. de Genève. 3 livres courantes........ 1 écu de Genève. * $96\frac{1}{2}$ écus de Genève...... 640 livres cour. de Milan. 1 livre courante......... 20 sols courans, id. 150 sols courans.......... 106 sols impériaux, id. combien..... 5 francs de France.	Divisez 90453333 $\frac{1}{3}$ par le change de Paris sur Genève, après l'avoir réduit en centimes, et divisez le produit par le change de Genève sur Milan.
par Hambourg.	* 188 francs de France....font 100 marcs banco d'Hamb. 3 marcs banco........... 1 rixdale banco, id. 1 rixdale banco......... * 147 sols courans de Milan. 150 sols courans.......... 106 sols impériaux, id. combien..... 5 francs de France.	Multipliez le change de Milan sur Hambourg par 7066 $\frac{2}{3}$, et divisez par le change de Paris sur Hambourg, après l'avoir réduit en centimes.
par Livourne.	1 franc de France..... fait 100 centimes.. * 505 centimes........... 1 piastre de Livourne. 1 piastre de Livourne..... * 134 sols courans de Milan. 150 sols courans......... 106 sols impériaux, id. combien..... 5 francs de France.	Multipliez le change de Milan sur Livourne par 212, et divisez par le change de Paris sur Livourne.
par Londres.	* $23\frac{1}{2}$ francs de France....fait 1 livre sterling. 1 livre sterling.......... * 30 livres cour. de Milan. 1 livre courante......... 20 sols courans, id. 150 sols courans.......... 106 sols impériaux, id. combien..... 5 francs de France.	Réduisez le change de Milan sur Londres en sols, multipliez le produit par 212, et divisez par le change de Paris sur Londres, après l'avoir réduit en centimes.
par Rome.	1 franc de France.....fait 100 centimes. * 510 centimes........... 1 écu monnaie de Rome. 1 écu monnaie........... * 135 sols courans de Milan. 150 sols courans.......... 106 sols impériaux, id. combien..... 5 francs de France.	Multipliez le change de Milan sur Rome par 212, et divisez par le change de Paris sur Rome.
par Venise.	300 francs de France....font * 60 ducats banco de Venise. 1 ducat banco de Venise... L $9\frac{3}{8}$ courans, id. L $6\frac{1}{4}$ courans......id...... * 84 sols courans de Milan. 150 sols courans de Milan... 106 sols impériaux, id. combien..... 5 francs de France.	Multipliez le change de Venise sur Paris par le change de Milan sur Venise, et divisez par $91\frac{39}{100}$.
par Vienne.	1 franc de France......fait 100 centimes. * 255 centimes............ 1 florin de Vienne. 1 florin de Vienne........ * $66\frac{1}{2}$ sols courans de Milan. 150 sols courans.......... 106 sols impériaux, id. combien..... 5 francs de France.	Multipliez le change de Milan sur Vienne par 212, et divisez par le change de Paris sur Vienne.

N°. 18.   MILAN.

	Changes de Milan.	Changes de Paris.	Parités en sols impériaux de Milan, pour 3 francs de France.
PARIS......... donne 3 francs........pour	55 sols impér. de Milau.		55 $\frac{5}{32}$
AMSTERDAM... ..*id*.. 1 florin banco.......	55 $\frac{1}{4}$ sols courans, *id*...	56 $\frac{1}{2}$ den. degr. d'Holl.	55 $\frac{5}{32}$
AUGSBOURG.... ..*id*.. 1 florin courant.....	66 $\frac{1}{2}$ sols courans, *id*...	117 $\frac{1}{4}$ flor. cⁱ. d'Augsb.	55 $\frac{13}{32}$
GÊNES......... ..*id*.. 4 livres hors banque.	86 sols courans, *id*....	473 centimes........	56 $\frac{1}{8}$
GENÈVE....... reçoit 640 livres courantes..	96 $\frac{1}{2}$ écus de Genève....	167 francs de France.	55 $\frac{1}{4}$
HAMBOURG.... donne 1 rixdale banco......	1 47 sols cour. de Milan.	188......*id*........	* 56 $\frac{1}{4}$
LIVOURNE..... ..*id*.. 1 piastre de 8 réaux..	134.*id*.........*id*....	505 centimes........	* 54 $\frac{3}{4}$
LONDRES...... ..*id*.. 1 livre sterling......	L 30 courantes........	23 $\frac{1}{4}$ francs de France.	56 $\frac{1}{8}$
ROME......... ..*id*.. écu monnaie........	135 sols cour. de Milan.	510 centimes........	55 $\frac{5}{32}$
VENISE....... ..*id*.. 1 ducat courant.....	84.*id*.........*id*....	60 duc. bⁱ. de Venise.	55 $\frac{2}{32}$
VIENNE....... ..*id*.. 1 florin.............	66 $\frac{1}{2}$ *id*.........*id*....	255 centimes........	

Paris donnant le certain à Milan, bon à remettre à 56 $\frac{1}{4}$, bon à tirer à 54 $\frac{3}{4}$.

Monnaies de change de Milan.

LA livre courante vaut 20 sols.

Le sol, 12 deniers.

La livre impériale ou de change, 20 sols.

Le sol impérial ou de change, 12 deniers.

L'écu 117 sols impériaux.

Le Philippe, 150 sols courans, ou 106 sols impériaux ; 106 sols impériaux font 150 sols courans.

Milan change en livres et sols courans, en écus et en sols impériaux.

	Règles conjointes.	Règles réduites à trois nombres.
par Amsterdam.	1 ducat de Naples.....fait 100 grains de Naples. * $49\frac{3}{4}$ grains .... 1 florin d'Hollande. 1 florin .... 40 deniers de gros, id. * $56\frac{1}{8}$ deniers de gros....... 5 francs de France. 1 franc de France........ 100 centimes. combien..... 1 ducat de Naples.	Divisez 1200000 par le change de Naples sur Amsterdam, et divisez le produit par le change d'Amsterdam sur Paris.
par l'Espagne.	1 ducat de Naples.....fait 100 grains de Naples. * 88 grains........ 1 piastre d'Espagne. 4 piastres d'Espagne...... 1 pistole. ...id. 1 pistole........ * $15\frac{1}{2}$ francs de France. 1 franc de France. ...... 100 centimes. combien.... 1 ducat de Naples.	Réduisez le change de Paris sur l'Espagne en centimes, multipliez le produit par 25, et divisez par le change de Naples sur l'Espagne.
par Gênes.	1 ducat de Naples.....fait * 102 sols de Gênes. 115 sols de Gênes.......... 1 piastre de Gênes. 1 piastre, id.......... * 478 centimes. combien..... 1 ducat de Naples.	Multipliez le change de Paris sur Gênes par celui de Gênes sur Naples, et divisez par 115.
par Hambourg.	1 ducat de Naples....fait 100 grains de Naples. * 46 grains, ..id........... 1 marc banco d'Hamb. 100 marcs banco.......... * 188 francs de France. 1 franc de France........ 100 centimes. combien..... 1 ducat de Naples.	Réduisez le change de Paris sur Hambourg en centimes, et divisez le produit par le change de Naples sur Hambourg.
par Lisbonne.	1 ducat de Naples....fait * 650 rés. * 464 rés.......... 3 francs de France. 1 franc de France........ 100 centimes. combien.....'. 1 ducat de Naples.	Multipliez le change de Lisbonne sur Naples par 300, et divisez par le change de Lisbonne sur Paris.
par Livourne.	* 126 ducats de Naples....font 100 piastres de Livourne. 1 piastre de Livourne...... * 525 centimes. combien..... 1 ducat de Naples.	Multipliez le change de Paris sur Livourne par 100, et divisez par le change de Naples sur Livourne.
par Londres.	1 ducat de Naples.....fait * 43 deniers sterling. 240 deniers sterling........ 1 livre sterling. 1 livre sterling.......... * $23\frac{1}{2}$ francs de France. 1 franc de France........ 100 centimes. combien..... 1 ducat de Naples.	Réduisez le change de Paris sur Londres en centimes, multipliez le produit par le change de Londres sur Naples, et divisez par 240.
par Rome.	* 120 ducats de Naples....font 100 écus monnaie de Rome. 1 écu monnaie.......... * 513 centimes. combien..... 1 ducat de Naples.	Multipliez le change de Paris sur Rome par 100, et divisez par le change de Naples sur Rome.
par Venise.	* 117 ducats de Naples....font 100 ducats banco de Venise. * 60 ducats banco de Venise.. 300 francs de France. 1 franc de France........ 100 centimes. combien..... 1 ducat de Naples.	Divisez 3000000 par le change de Naples sur Venise, et divisez le produit par le change de Venise sur Paris.
par Vienne.	1 ducat de Naples......fait 100 grains de Naples. * 60 grains de Naples....... 1 florin de Vienne. 1 florin .... * 257 centimes. combien..... 1 ducat de Naples.	Multipliez le change de Paris sur Vienne par 100, et divisez par le change de Naples sur Vienne.

N°. 19. NAPLES.

		Changes de Naples.	Changes de Paris.	Parités en centimes, pour 1 ducat de Naples.
PARIS.........	reçoit 1 duc. de 10 carl. pour	420 centimes.		
AMSTERDAM...	donne 1 flor. de 40 den. de gr.	$49\frac{1}{4}$ grains de Naples...	$56\frac{1}{2}$ den. de gr. d'Holl.	427.
ESPAGNE......	..id.. 1 piastre de 8 réaux..	88......id...... ...	$15\frac{1}{4}$ francs de France.	* 433.
GÊNES........	reçoit 1 ducat de 10 carlins.	102 sols de Gênes	478 centimes.......	424.
HAMBOURG....	donne 1 marc banco........	46 grains de Naples....	188 francs de France.	* 409.
LISBONNE.....	reçoit 1 ducat de 100 grains.	650 rés.............	464 rés.............	420.
LIVOURNE....	donne 100 piastres de 8 réaux.	126 ducats de Naples..	525 centimes.......,	417.
LONDRES......	reçoit 1 ducat, ou 100 grains.	43 deniers sterling.....	$23\frac{1}{4}$ francs de France.	416.
ROME........	donne 100 écus monnaie....	120 ducats de Naples...	513 centimes.......	428.
VENISE.......	..id.. 100 ducats banco....	117......id.........	60 duc. b°. de Venise.	427.
VIENNE.......	..id.. 1 florin...........	60 grains de Naples....	257 centimes.......	428.

Paris donnant l'incertain à Naples, bon à remettre à 409, bon à tirer à 433.

Monnaies de change de Naples.

LE ducat vaut 10 carlins, ou 100 grains.
Le carlin, 10 grains.
Naples change en ducats et en grains.

Naples.
Palerme.
Pétersbourg.
Rome.
Stockolm.
Turin.
Venise.
Vienne.

Règles conjointes.	Règles réduites à trois nombres.
par Gênes. 1 franc de France..... fait 100 centimes. *475 centimes............ 1 piastre de Gênes. 1 piastre de Gênes........ 115 sols de Gênes. 20 sols de Gênes.......... * 39 grains de Sicile. combien..... 1 franc de France.	Multipliez le change de Palerme sur Gênes par 575, et divisez par le change de Paris sur Gênes.
par Livourne. 1 franc de France..... fait 100 centimes. *515 centimes............. 1 piastre de Livourne. 1 piastre de Livourne..... * 12 tarins 4 grains de Sicile. 1 tarin de Sicile........... 20 grains de Sicile. combien..... 1 franc de France.	Réduisez le change de Palerme sur Livourne en grains, multipliez le produit par 100, et divisez par le change de Paris sur Livourne.
par Londres. * 23 francs de France.... font 1 livre sterling. 1 livre sterling.......... * 52 tarins 10 grains de Sicile. 1 tarin de Sicile.......... 20 grains de Sicile. combien..... 1 franc de France.	Réduisez le change de Palerme sur Londres en grains, multipliez le produit par 100, et divisez par le change de Paris sur Londres, après l'avoir réduit en centimes.
par Rome. 1 franc de France..... fait 100 centimes. *520 centimes............. 1 écu monnaie de Rome. 1 écu monnaie............ * 11 tarins 14 grains de Sicile. 1 tarin de Sicile.......... 20 grains de Sicile. combien..... 1 franc de France.	Réduisez le change de Palerme sur Rome en grains, multipliez le produit par 100, et divisez par le change de Paris sur Rome.
par Venise. 300 francs de France.... font 60 ducats banco de Venise. 1 ducat banco de Venise... L 9 $\frac{5}{6}$ courantes de Venise. 6 $\frac{1}{8}$ liv. courantes de Venise. * 7 tarins 10 grains de Sicile. 1 tarin de Sicile.......... 20 grains de Sicile. combien..... 1 franc de France.	Multipliez le change de Venise sur Paris par le change de Palerme sur Venise, après l'avoir réduit en grains, et divisez par 193 $\frac{4}{5}$.

N°. 20.   PALERME et MESSINE.

		Changes de Palerme.	Changes de Paris.	Parités en grains de Sicile, pour 1 franc de France.
PARIS.........	donne 1 franc.........pour	48 grains de Sicile.		
GÉNES.........	..id.. 1 livre hors banque..	39 .....id............	475 centimes........:	47 ¼
LIVOURNE.....	..id.. 1 piastre de 8 réaux...	12 tar. 4 grains de Sicile.	515 dits...........	* 47 ⅜
LONDRES......	..id.. 1 livre sterling......	52 tar. 10 ....id......	23 francs..........	45 ⅛
ROME.........	..id.. 1 écu monnaie......	11 tar. 14 ....id......	520 centimes........	* 45.
VENISE.......	..id.. 1 ducat courant.....	7 tar. 10 ....id......	60 duc. b°. de Venise.	46 $\frac{15}{31}$

Paris donnant le certain à Palerme, bon à remettre à 47 ⅜,
bon à tirer à 45.

Monnaies de change de Palerme et Messine.

L'ONCE vaut 30 tarins, ou 60 carlins, ou 600 grains.
Le tarin , 2 carlins, ou 20 grains.
L'écu de Sicile, 12 tarins, ou 24 carlins, ou 240 grains.

Palerme.

Pétersbourg.

Rome.

Stockolm.

Turin.
Venise.

Vienne.

	Règles conjointes.	*Règles réduites à trois nombres.*
par Amsterdam.	1 rouble.............fait * 41 stuivers d'Hollande. 1 stuiver .... 2 deniers de gros, *id.* * 56 ¼ deniers de gros......, 3 francs de France. 1 franc de France........ 100 centimes. combien..... 1 rouble de Pétersbourg.	Multipliez le change d'Amsterdam sur Pétersbourg par 600, et divisez par le change d'Amsterdam sur Paris.
par Hambourg.	1 rouble.............fait * 56 ½ sols lubs d'Hambourg. 16 sols lubs.............. 1 marc banco, *id.* 100 marcs banco.......... * 188 francs de France. 1 franc de France........ 100 centimes. combien..... 1 rouble de Pétersbourg.	Multipliez le change d'Hambourg sur Pétersbourg par celui de Paris sur Hambourg, après l'avoir réduit en centimes, divisez par 16, et coupez les deux derniers chiffres du produit.
par Londres.	1 rouble.............fait * 42 ½ deniers sterling. 240 deniers sterling........ 1 livre sterling. 1 livre sterling.........,, * 25 francs de France. 1 franc de France........ 100 centimes. combien..... 1 rouble de Pétersbourg.	Multipliez le change de Londres sur Pétersbourg par le change de Paris sur Londres, après l'avoir réduit en centimes, et divisez par 240.

N°. 21. PÉTERSBOURG.		*Changes de Pétersbourg.*	*Changes de Paris.*	Parités en centimes, pour 1 rouble de Pétersbourg.
PARIS.........	reçoit 1 roub. de 100 cop. pour	435 centimes.		
AMSTERDAM...	..id.. 1 ......id.........	41 stuivers d'Hollande.	56 ¼ den. de gr. d'Holl.	* 438.
HAMBOURG....	..id.. 1 ......id.........	36 ½ sols lubs d'Hamb..	188 francs de France.	429.
LONDRES......	..id.. 1 ......id.........	42 ¼ deniers sterling...	23 .....id.........	* 407.

Paris donnant l'incertain à Pétersbourg, bon à remettre à 407, bon à tirer à 438.

Monnaies de change de Pétersbourg.

LE rouble vaut 100 copecks.
Le copeck, 2 moscosques.
Pétersbourg change en roubles et copecks.

	Règles conjointes.	Règles réduites à trois nombres.
par Amsterdam.	1 écu monnaie de Rome fait 100 bayocs de Rome. *39 bayocs de Rome........ 1 florin d'Hollande. 1 florin d'Hollande....... 40 deniers de gros, *id.* *56 deniers de gros........ 3 francs de France. 1 franc de France........ 100 centimes. combien..... 1 écu monnaie de Rome.	Divisez 1200000 par le change de Rome sur Amsterdam, et divisez le produit par le change d'Amsterdam sur Paris.
par Bologne.	1 écu monnaie de Rome fait *95 $\frac{1}{2}$ sols de Bologne. *55 sols de Bologne........ 3 francs de France. 1 franc de France........ 100 centimes. combien..... 1 écu monnaie de Rome.	Multipliez le change de Bologne sur Rome par 300, et divisez par le change de Bologne sur Paris.
par l'Espagne.	1523 écus monnaie de Rome font 1000 écus d'or stampe de Rome. 1 écu d'or stampe de Rome. *565 maravédis d'Espagne. 1088 maravédis d'Espagne.... 1 pistole, *id.* 1 pistole................. *15 $\frac{1}{4}$ francs de France. 1 franc de France........ 100 centimes. combien..... 1 écu monnaie de Rome.	Multipliez le change de l'Espagne sur Rome par celui de Paris sur l'Espagne, après l'avoir réduit en centimes, et divisez par 16 $\frac{57}{100}$, et coupez les deux derniers chiffres du produit.
par Gênes.	1 écu monnaie de Rome fait *126 sols de Gênes. 115 sols de Gênes......... 1 piastre, *id.* 1 piastre, *id.*............ *470 centimes. combien..... 1 écu monnaie de Rome.	Multipliez le change de Gênes sur Rome par celui de Paris sur Gênes, et divisez par 115.
par Livourne.	1 écu monnaie de Rome fait 100 bayocs de Rome. *98 bayocs de Rome....... 1 piastre de Livourne. 1 piastre de Livourne.... *515 centimes. combien..... 1 écu monnaie de Rome.	Multipliez le change de Paris sur Livourne par 100, et divisez par le change de Rome sur Livourne.
par Lisbonne.	1523 écus monnaie de Rome font 1000 écus d'or stampe de Rome 1 écu d'or stampe de Rome.. *1220 rés. *464 rés................. 3 francs de France. 1 franc de France........ 100 centimes. combien..... 1 écu monnaie de Rome.	Multipliez le change de Lisbonne sur Rome par 196 $\frac{1488}{1523}$, et divisez par le change de Lisbonne sur Paris.
par Milan.	1523 écus monnaie de Rome font 1000 écus d'or stampe de Rome. *80 écus d'or stampe de Rome. 100 écus de 117 s. imp. de Milan. 1 écu impérial de Milan... 117 sols impériaux, *id.* *54 sols impériaux, *id.*...... 3 francs de France. 1 franc de France........ 100 centimes. combien..... 1 écu monnaie de Rome.	Divisez 2304661 $\frac{1497}{1523}$ par le change de Rome sur Milan, et divisez encore par le change de Milan sur Paris.
par Naples.	100 écus monnaie de Rome font* 124 ducats de Naples. 1 ducat de Naples........ *425 centimes. combien..... 1 écu monnaie de Rome.	Multipliez le change de Naples sur Rome par celui de Paris sur Naples, et divisez par 100.
par Turin.	1 écu monnaie de Rome fait *86 sols de Turin. *51 sols de Turin......... 3 francs de France. 1 franc de France........ 100 centimes. combien..... 1 écu monnaie de Rome.	Multipliez le change de Turin sur Rome par 300, et divisez par le change de Turin sur Paris.
par Venise.	1523 écus monnaie de Rome font 1000 écus d'or stampe de Rome. *63 écus d'or stampe de Rome. 100 ducats banco de Venise. *61 ducats banco de Venise.. 300 francs de France. 1 franc de France........ 100 centimes. combien..... 1 écu monnaie de Rome.	Divisez 1969796 $\frac{690}{1523}$ par le change de Rome sur Venise, et divisez le produit par le change de Venise sur Paris.

J'ai donné pour nombres fixes, par Lisbonne, 196 $\frac{1488}{1523}$, par Milan, 2304661 $\frac{1497}{1523}$, et par Venise, 1969796 $\frac{690}{1523}$; mais afin d'éviter les longueurs des calculs que ces nombres fractionnaires occasionneraient, on pourra se servir de $\frac{98}{100}$ pour $\frac{1488}{1523}$, de $\frac{15}{16}$ pour $\frac{1497}{1523}$, de $\frac{7}{16}$ pour $\frac{690}{1523}$.

N°. 22.   ROME.

		Changes de Rome.	Changes de Paris.	Parités en centimes, pour 1 écu monnaie de Rome.
PARIS.........	reçoit 1 écu monnaie.. pour	520 centimes.		
AMSTERDAM...	donne 1 florin banco.......	39 bayocs de Rome....	56 den. de gros d'Holl.	* 549.
BOLOGNE......	reçoit 1 écu monnaie......	95 ½ sols de Bologne....	55 sols de Bologne...	521.
ESPAGNE......	..id.. 1 écu d'or stampe....	565 maravédis........	15 ¼ francs de France.	520.
GÊNES........	..id.. 1 écu monnaie......	126 sols de Gênes....	470 centimes	515.
LIVOURNE....	donne 1 piastre de 8 réaux...	98 bayocs de Rome....	515 dites...........	526.
LISBONNE.....	reçoit 1 écu d'or stampe....	1220 rés...	464 rés............	518.
MILAN........	donne 100 écus de 117 s. imp.	80 écus d'or st°. de Rome.	54 sols imp. de Milan.	533.
NAPLES......	reçoit 100 écus monnaie...	124 ducats de Naples...	425 centimes.......	517.
TURIN........	..id.. 1 écu monnaie......	86 sols de Turin......	51 sols de Turin.....	* 506.
VENISE.......	donne 100 ducats banco....	63 écus d'or st°. de Rome	61 duc. b°. de Venise..	513.

Paris donnant l'incertain à Rome, bon à remettre à 506, bon à tirer à 549.

Monnaies de change de Rome.

L'écu monnaie vaut 10 Jules, ou 100 bayocs.

Le Jule, 10 bayocs.

Le bayoc, 5 quartrins.

Le sequin Romain, 2 écus 5 bayocs, ou 205 bayocs.

1000 écus d'or stampe (espèce imaginaire) valent 1523 écus monnaie.

Rome change en écus monnaie, bayocs, et écus d'or stampe; et en une espèce de monnaie de ¼ bayoc qu'on emploie dans les changes.

Rome.

Stockolm.

Turin.
Venise.

Vienne.

	Règles conjointes.	Règles réduites à trois nombres.
par Amsterdam.	5 francs de France....font * 56 ½ deniers de gros d'Holl. 4o deniers de gros.......... 1 florin.........id. 2 ½ florins.............. 1 rixdale banco, id. 1 rixdale banco.......... * 45 schillings de Suède. combien..... 5 francs de France.	Multipliez le change d'Amsterdam sur Paris par celui de Stockolm sur Amsterdam, et divisez par 100.
par Hambourg.	* 188 francs de France....font 100 marcs banco d'Hamb. 3 marcs banco.......... 1 rixdale banco, id. 1 rixdale banco.......... * 48 schillings de Suède. combien..... 3 francs de France.	Multipliez le change de Stockolm sur Hambourg par 10000, et divisez par le change de Paris sur Hambourg, après l'avoir réduit en centimes.
par Londres.	* 22 ¾ francs de France...font 1 livre sterling. 1 livre sterling.......... * 4 rixd. 5 schill. de Suède. 1 rixdale de Suède....... 48 schillings, id. combien..... 5 francs de France.	Réduisez le change de Stockolm sur Londres en schillings, multipliez le produit par 5oo, et divisez par le change de Paris sur Londres, après l'avoir réduit en centimes.

N°. 23.　STOCKOLM.	Changes de Stockolm.	Changes de Paris.	Parités en schillings de Suède, pour 3 francs de France.
PARIS......... donne 3 francs........pour	25 schillings de Suède.		
AMSTERDAM... ..id.. 1 rixdale banco......	45 .....id..........	56½ den. de gr. d'Holl.	* 25 $\frac{7}{16}$
HAMBOURG.... ..id.. 1 .....id..........	48 .....id..........	188 francs de France.	25 $\frac{17}{31}$
LONDRES ....id.. 1 livre sterling......	4 rixd. 5 schil. de Suède.	22¼ ......id.......	* 25 $\frac{11}{31}$

Paris donnant le certain à Stockolm, bon à remettre à 25 $\frac{31}{32}$, bon à tirer à 25 $\frac{7}{16}$.

Monnaies de change de Stockolm.

LA rixdale vaut 48 schillings.
Le schilling, 12 deniers.

Stockolm.

Turin.
Venise.

Vienne.

	Règles conjointes.	Règles réduites à trois nombres.
par Amsterdam.	3 francs de France....font * 56 ½ den. de gros d'Holl. 4o deniers de gros......... 1 florin.........*id*. 1 florin............... * 35 ½ sols de Turin. combien..... 3 francs de France.	Multipliez le change de Turin sur Amsterdam par celui d'Amsterdam sur Paris, et divisez par 4o.
par Augsbourg.	3oo francs de France....font * 117 flor. cour. d'Augsbourg. 1 florin cour. d'Augsbourg. * 42 sols de Turin. combien..... 3 francs de France.	Multipliez le change d'Augsbourg sur Paris par celui de Turin sur Augsbourg, et divisez par 1oo.
par Genève.	*167 francs de France....font 1oo liv. cour. de Genève. 3 livres courantes........ 1 écu courant, *id*. 1 écu courant........... * 84 sols de Turin. combien..... 3 francs de France.	Multipliez le change de Turin sur Genève par 1oooo, et divisez par le change de Paris sur Genève, après l'avoir réduit en centimes.
par Gênes.	1 franc de France....fait 1oo centimes. *475 centimes............. 1 piastre de Gênes. 1 piastre de Gênes....... 5 livres 15 sols, *id*. L 13.1o sols courans, *id*.... * 9 livres 7 sols de Turin. 1 livre de Turin........ 20 sols de Turin. combien..... 3 francs de France.	Réduisez le change de Turin sur Gênes en sols, multipliez le produit par 127 $\frac{7}{7}$, et divisez par le change de Paris sur Gênes.
par Livourne.	1 franc de France.....fait 1oo centimes. *515 centimes.. .... 1 piastre de Livourne. 1 piastre.... .... *86 ½ sols de Turin. combien..... 3 francs de France.	Multipliez le change de Turin sur Livourne par 3oo, et divisez par le change de Paris sur Livourne.
par Londres.	* 23 francs de France....font 1 livre sterling. 1 livre sterling......... * 19 livres 6 sols de Turin. 1 livre de Turin......... 20 sols de Turin. combien..... 3 francs de France.	Réduisez le change de Turin sur Londres en sols, multipliez le produit par 3oo, et divisez par le change de Paris sur Londres, après l'avoir réduit en centimes.
par Milan.	3 francs de France...font * 55 sols impér. de Milan. 106 sols impériaux de Milan.. 15o sols courans, *id*. 2o sols courans, *id*..... 1 livre courante, *id*. L 7.1o sols courans, *id*..... * 95 sols de Turin. combien..... 3 francs de France.	Multipliez le change de Turin sur Milan par celui de Milan sur Paris, et divisez par 1o6.
par Rome.	1 franc de France.....fait 1oo centimes. *513 centimes............. 1 écu monnaie de Rome. 1 écu monnaie .... * 86 sols de Turin. combien..... 3 francs de France.	Multipliez le change de Turin sur Rome par 3oo, et divisez par le change de Paris sur Rome.
par Venise.	3oo francs de France....font * 6o ¼ duc. banco de Venise. 1 ducat banco de Venise... * 81 ½ sols de Turin. combien... . 3 francs de France.	Multipliez le change de Venise sur Paris par celui de Turin sur Venise, et divisez par 1oo.
par Vienne.	1 franc de France.....fait 1oo centimes. *255 centimes............. 1 florin de Vienne. 1 florin............... * 42 ½ sols de Turin. combien..... 3 francs de France.	Multipliez le change de Turin sur Vienne par 3oo, et divisez par le change de Paris sur Vienne.

N.° 24. TURIN.

		Changes de Turin.	Changes de Paris.	Parités en sols de Turin, pour 3 francs de France.
Paris.........	donne 3 francs............pour	5o sols de Turin.		
Amsterdam...	..*id*.. 1 florin banco.........	35 $\frac{1}{2}$ .....*id*.........	56 $\frac{1}{2}$ den. de gr. d'Holl.	5o $\frac{1}{32}$
Augsbourg ...	..*id*.. 1 florin courant.....	42.......*id*.........	117 flor. c.³ d'Augsb..	49 $\frac{5}{32}$
Genève	..*id*.. 1 écu courant	84.......*id*.........	167 francs de France.	5o $\frac{5}{16}$
Gênes.........	..*id*.. *L* 13. 10 sols hors b.ᵉ..	*L* 9.7 ...*id*.........	475 centimes.......	5o $\frac{5}{16}$
Livourne.....	..*id*.. 1 piastre de 8 réaux...	86 $\frac{1}{4}$ sols. .*id*.........	515 dites..........	* 5o $\frac{17}{32}$
Londres......	..*id*.. 1 livre sterling......	*L* 19.6 ...*id*.........	23 francs de France..	5o $\frac{11}{32}$
Milan.........	..*id*.. *L* 7. 10 sols courans..	95 sols. ..*id*.........	55 sols imp. de Milan.	49 $\frac{15}{32}$
Rome.........	..*id*.. 1 écu monnaie......	86 ....*id*.........	513 centimes.......	5o $\frac{11}{32}$
Venise.......	..*id*.. 1 ducat banco........	81 $\frac{1}{2}$ .....*id*.........	60 $\frac{1}{4}$ duc. b.° de Venise.	* 49 $\frac{3}{32}$
Vienne.......	..*id*.. 1 florin...........	42 $\frac{1}{2}$ .....*id*.........	255 centimes.......	5o.

Paris donnant le certain à Turin, bon à remettre à 5o $\frac{17}{32}$, bon à tirer à 49 $\frac{3}{32}$.

Monnaies de change de Turin.

La livre vaut 20 sols.
Le sol, 12 deniers.
Turin change en livres et en sols.

Turin.
Venise.

Vienne.

	Règles conjointes.	*Règles réduites à trois nombres.*
par Amsterdam.	3 francs de France....font * 56 deniers de gros d'Holl. * 93 ½ deniers de gros........ 1 ducat banco de Venise. combien..... 3oo francs de France.	Multipliez le change d'Amsterdam sur Paris par 100, et divisez par le change d'Amsterdam sur Venise.
par Augsbourg.	3oo francs de France....font 117 florins cour. d'Augsb. 1 ½ flor. cour. d'Augsbourg. 1 rixdale cour., id. 127 rixdales courantes, id... 100 rixdales giro, id. 100 rixdales giro.... ..... * 100 ducats b°. de Venise. combien..... 3oo francs de France.	Multipliez le change d'Augsbourg sur Paris par celui de Venise sur Augsbourg, et divisez par 190 ½.
par Gênes.	1 franc de France.....fait 100 centimes. *478 centimes............. 1 piastre de Gênes. 1 piastre................ 115 sols.....id. 92 sols hors banq. de Gênes. * 95 marchétis de Venise. 124 marchétis banco........ 1 ducat banco de Venise. combien..... 3oo francs de France.	Multipliez le change de Venise sur Gênes par $302\frac{13}{51}$, et divisez par le change de Paris sur Gênes.
par Genève.	*166 francs de France....font 100 livres cour. de Genève. 3 livres cour. de Genève... 1 écu de Genève. 100 écus de Genève........ * 98 ½ duc. banco de Venise. combien..... 3oo francs de France.	Multipliez le change de Venise sur Genève par 10000, et divisez par le change de Paris sur Genève, après l'avoir réduit en centimes.
par Hambourg.	*189 francs de France....font 100 marcs banco d'Hamb. 1 marc banco.......... 52 deniers de gros, id. * 78 deniers de gros........ 1 duc. banco de Venise. combien..... 3oo francs de France.	Divisez 96oooooo par le change de Paris sur Hambourg, après l'avoir réduit en centimes, et divisez le produit par celui d'Hambourg sur Venise.
par Livourne.	1 franc de France..... fait 100 centimes. *515 centimes............. 1 piastre de Livourne. * 99 piastres de Livourne.... 100 duc. banco de Venise. combien..... 3oo francs de France.	Divisez 3oooooo par le change de Livourne sur Venise, et divisez le produit par le change de Paris sur Livourne.
par Londres.	*23 ½ francs de France...font 1 livre sterling. 1 livre sterling.......... 240 deniers sterling. * 52 deniers sterling........ 1 ducat banco de Venise. combien..... 3oo francs de France.	Divisez 72oooooo par le change de Paris sur Londres, après l'avoir réduit en centimes, et divisez le produit par le change de Londres sur Venise.
par Milan.	3 francs de France... font * 56 sols impériaux de Milan. 117 sols impériaux......... 1 écu impérial, id. 1 écu impérial.......... * 156 marchétis de Venise. 124 marchétis banco........ 1 ducat banco de Venise. combien..... 3oo francs de France.	Multipliez le change de Venise sur Milan par celui de Milan sur Paris, et divisez par $145\frac{8}{100}$.
par Rome.	1 franc de France.....fait 100 centimes. *515 centimes............. 1 écu monnaie de Rome. 1523 écus monnaie.......... 1000 écus d'or stampe, id. * 62 écus d'or stampe....... 100 ducals banco de Venise. combien..... 3oo francs de France.	Divisez 1969796 $\frac{652}{1525}$ par le change de Paris sur Rome, et divisez le produit par le change de Rome sur Venise.
par Turin.	3 francs de France....font * 52 sols de Turin. * 55 sols de Turin.......... L 6 ½ de Venise. L 9 ⅗ de Venise........... 1 ducat banco, id. combien..... 3oo francs de France.	Multipliez le change de Turin sur Paris par $64\frac{88}{100}$, et divisez par le change de Turin sur Venise.
par Vienne.	1 franc de France..... fait 100 centimes. *258 centimes............. 1 florin de Vienne. *192 florins de Vienne....... 100 ducals banco de Venise. combien..... 3oo francs de France.	Divisez 3oooooo par le change de Vienne sur Venise, et divisez le produit par le change de Paris sur Vienne.

J'ai donné pour nombre fixe, par Rome, 1969796 $\frac{652}{1525}$; mais afin d'éviter les longueurs du calcul du nombre fractionnaire de $\frac{652}{1525}$, on pourra se servir de $\frac{7}{11}$.

N°. 25. VENISE.

		Changes de Venise.	Changes de Paris.	Parités en ducats de banque de Venise, pour 300 fr. de France.
PARIS.........	donne 300 francs......pour	60 ducats b°. de Venise.		
AMSTERDAM...	reçoit 1 ducat b°. de Venise.	93 $\frac{1}{4}$ den. de gros d'Holl.	56 den. de gros d'Holl.	59 $\frac{7}{8}$
AUGSBOURG...	donne 100 rixdales de change.	100 ducats b°. de Venise.	117 flor. c^s. d'Augsb.	61 $\frac{11}{32}$
GÊNES.........	..*id*.. 1 écu de *L* 4 banco...	95 marchétis.....*id*...	478 centimes........	60 $\frac{3}{32}$
GENÈVE.......	..*id*.. 100 écus courans.....	98 $\frac{1}{4}$ ducats banco, *id*..	f. 166 de France....	59 $\frac{1}{2}$
HAMBOURG....	reçoit 1 ducat banco.......	78 den. de gros d'Hamb.	f. 189 , *id*.........	* 65 $\frac{1}{8}$
LIVOURNE.....	..*id*.. 100 ...*id*..........	99 piastres de Livourne.	515 centimes........	* 58 $\frac{27}{32}$
LONDRES......	..*id*.. 1 .....*id*..........	52 deniers sterling.....	f. 23 $\frac{1}{4}$ de France....	59 $\frac{9}{16}$
MILAN........	donne 1 écu de 117 sols imp.	156 marchétis de Venise.	56 sols imp. de Milan.	60 $\frac{7}{12}$
ROME.........	reçoit 100 ducats banco....	62 écus d'or st. de Rome.	515 centimes........	61 $\frac{11}{16}$
TURIN........	..*id*.. 1 ducat courant......	55 sols de Turin......	52 sols de Turin.....	61 $\frac{1}{16}$
VIENNE.......	..*id*.. 100 ducats banco....	192 florins de Vienne..	258 centimes........	60 $\frac{11}{16}$

Paris donnant le certain à Venise , bon à remetrre à 65 $\frac{1}{8}$, bon à tirer à 58 $\frac{27}{32}$.

Monnaies de change de Venise.

LE ducat de banque vaut 9 livres 12 sols courans ou piccioli.

Le ducat courant , 6 livres 4 sols courans ou piccioli.

Le ducat courant et de banque se divisent en 124 marchétis, qui, suivant l'espèce de ducat , sont courans ou de banque.

Venise change en ducats courans ou banco , et en marchétis.

Venise.

Vienne.

	Règles conjointes.	Règles réduites à trois nombres.
par Amsterdam.	1 ½ florin de Vienne … fait 1 rixdale de Vienne. * 140 rixdales, *id*. … 100 rixd. banco d'Hollande. 1 rixdale banco d'Holl. … 2 ½ florins. … *id*. 1 florin. … *id*. … 40 deniers de gros, *id*. * 56 ½ deniers de gros, *id*. … 3 francs de France. 1 franc de France … 100 centimes. combien … 1 florin de Vienne.	Divisez 2000000 par le change de Vienne sur Amsterdam, et divisez le produit par le change d'Amsterdam sur Paris.
par Breslau.	1 ½ florin de Vienne … fait 1 rixdale de Vienne. 100 rixdales de Vienne … * 99 ½ rixdales de Breslau. * 77 ½ rixdales de Breslau … 300 francs de France. 1 franc de France … 100 centimes. combien … 1 florin de Vienne.	Multipliez le change de Breslau sur Vienne par 200, et divisez par le change de Breslau sur Paris.
par l'Espagne.	* 201 ½ florins de Vienne … font 100 duc. de 375 mar. d'Esp. 1 ducat d'Espagne … 375 maravédis … *id*. 1088 maravédis … 1 pistole … *id*. 1 pistole … * 14 ½ francs de France. 1 franc de France … 100 centimes. combien … 1 florin de Vienne.	Réduisez le change de Paris sur l'Espagne en centimes, multipliez le produit par 3446 ⅔, divisez par le change de Vienne sur l'Espagne, et coupez les deux derniers chiffres du produit.
par Francfort.	1 ½ florin de Vienne … fait 1 rixdale de Vienne. * 99 ½ rixdales de Vienne … 100 rixdales de Francfort. * 77 rixdales de Francfort … 300 francs de France. 1 franc de France … 100 centimes. combien … 1 florin de Vienne.	Divisez 2000000 par le change de Francfort sur Paris, et divisez le produit par le change de Vienne sur Francfort.
par Gênes.	1 florin de Vienne … fait * 62 sols de Gênes. 115 sols de Gênes … 1 piastre, *id*. 1 piastre, *id*. … * 478 centimes. combien … 1 florin de Vienne.	Multipliez le change de Paris sur Gênes par celui de Gênes sur Vienne, et divisez par 115.
par Hambourg.	1 ½ florin de Vienne … fait 1 rixdale de Vienne. * 150 rixdales, *id*. … 100 rixd. banco d'Hamb. 1 rixd. banco d'Hambourg. 3 marcs banco, *id*. 100 marcs banco, *id*. … * 188 francs de France. 1 franc de France … 100 centimes. combien … 1 florin de Vienne.	Réduisez le change de Paris sur Hambourg en centimes, multipliez le produit par 200, divisez par le change de Vienne sur Hambourg, et coupez les deux derniers chiffres du produit.
par Livourne.	1 florin de Vienne … fait * 57 ½ sols de Livourne. 115 sols de Livourne … 1 piastre, *id*. 1 piastre, *id*. … * 510 centimes. combien … 1 florin de Vienne.	Multipliez le change de Paris sur Livourne par celui de Livourne sur Vienne, et divisez par 115.
par Londres.	* 9 flor. 5 creutz. de Vienne font 1 livre sterling. 1 livre sterling … * 23 francs de France. 1 franc de France … 100 centimes. combien … 1 florin de Vienne.	Réduisez le change de Paris sur Londres en centimes, multipliez le produit par 6000, réduisez le change de Vienne sur Londres en creutzers, et le produit sera le diviseur, ensuite vous couperez les deux derniers chiffres du produit.
par Milan.	1 florin de Vienne … fait * 66 ½ sols courans de Milan. 150 sols courans … 106 sols impériaux, *id*. * 55 sols impériaux … 3 Francs de France. 1 franc de France … 100 centimes. combien … 1 florin de Vienne.	Multipliez le change de Milan sur Vienne par 212, et divisez par le change de Milan sur Paris.
par Naples.	1 florin de Vienne … fait 60 creutzers de Vienne. * 96 creutzers de Vienne … 1 ducat de Naples. 1 ducat de Naples … * 421 centimes. combien … 1 florin de Vienne.	Multipliez le change de Paris sur Naples par 60, et divisez par le change de Vienne sur Naples.
par Nuremberg.	100 florins de Vienne … font * 99 florins de Nuremberg. 1 florin de Nuremberg … 72 creutzers, *id*. * 27 creutzers, *id*. … 100 centimes. combien … 1 florin de Vienne.	Multipliez le change de Nuremberg sur Vienne par 72, et divisez par le change de Nuremberg sur Paris.
par Rome.	1 florin de Vienne … fait 60 creutzers de Vienne. * 117 creutzers de Vienne … 1 écu monnaie de Rome. 1 écu monnaie … * 510 centimes. combien … 1 florin de Vienne.	Multipliez le change de Paris sur Rome par 60, et divisez par le change de Vienne sur Rome.
par Venise.	1 ½ florin de Vienne … fait 1 rixdale de Vienne. * 127 ½ rixdales de Vienne … 100 ducats banco de Venise. * 60 ducats banco de Venise … 300 francs de France. 1 franc de France … 100 centimes. combien … 1 florin de Vienne.	Divisez 2000000 par le change de Vienne sur Venise, et divisez le produit par le change de Venise sur Paris.

N°. 26.   VIENNE.

	Changes de Vienne.	*Changes de Paris.*	Parités en centimes, pour 1 florin de Vienne.
PARIS......... donne 1 franc........pour	23 ½ creutz. de Vienne..	....	255.
AMSTERDAM... ..*id*.. 100 rixdales banco...	140 rixdales, *id*......	56 ½ den. de gr. d'Holl.	253.
BRESLAU... .. reçoit 100 rixdales.........	99 ½ rixd. de Breslau...	77 ½ rixd. de Breslau..	257.
ESPAGNE...... donne 100 duc. de 375 marav.	201 ½ florins de Vienne.	14 ½ francs de France.	* 248.
FRANCFORT.... ..*id*.. 100 rixdales........	99 ½ rixdales, *id*......	77 rixd. de Francfort.	261.
GÊNES........ reçoit 1 florin............	62 sols de Gênes......	478 centimes........	258.
HAMBOURG.... donne 100 rixdales banco...	150 rixdales de Vienne.	188 francs de France.	251.
LIVOURNE..... reçoit 1 florin..............	57 ½ sols de Livourne...	510 centimes........	255.
LONDRES...... donne 1 livre sterling......	9 fl. 5 creutz. de Vienne.	23 francs de France..	253.
MILAN........ reçoit 1 florin.............	66 ½ sols cour. de Milan.	55 sols imp. de Milan.	256.
NAPLES....... donne 1 ducat de 10 carlins.	96 creutzers de Vienne.	421 centimes........	263.
NUREMBERG... reçoit 100 florins..........	99 flor. de Nuremberg..	27 creutz. de Nuremb.	* 264.
ROME......... donne 1 écu monnaie......	117 creutzers de Vienne.	510 centimes........	262.
VENISE....... ..*id*.. 100 ducats banco....	127 ¼ rixdales, *id*.....	60 duc. b°. de Venise.	261.

Paris donnant l'incertain à Vienne, bon à remettre à 248, bon
à tirer à 264.

Monnaies de change de Vienne.

La rixdale vaut 1 ½ florin, ou 90 creutzers.
Le florin, 60 creutzers.
Le creutzer, 4 penins.
Vienne change en rixdales, florins et creutzers.

www.ingramcontent.com/pod-product-compliance
Lightning Source LLC
LaVergne TN
LVHW010320030726
842520LV00004B/1176